KB091903

알기 쉬운 《날개를 편 한글》

알기 쉬운《날개를 편 한글》

초판 인쇄 2021년 10월 8일
초판 발행 2021년 10월 15일

지은이 알브레히트 후베
펴낸이 박찬익
펴낸곳 ㈜박이정 **주소** 경기도 하남시 조정대로45 미사센텀비즈 7층 F749호
전화 031)792-1193, 1195 **팩스** 02)928-4683 **홈페이지** www.pjbook.com
이메일 pijbook@naver.com **등록** 2014년 8월 22일 제2020-000029호

ISBN 979-11-5848-659-4 93710

* 책값은 뒤표지에 있습니다.

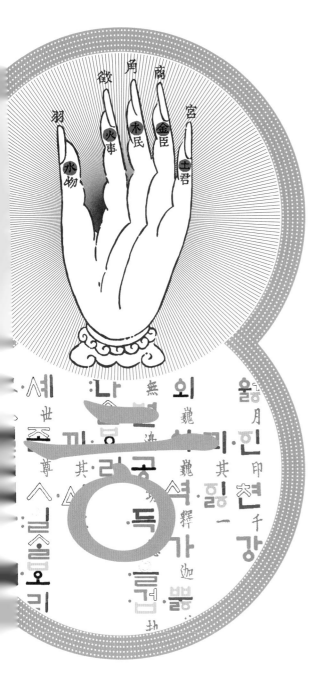

알기 쉬운
날개를 편
한글

알브레히트 후베 지음
Albrecht Huwe

(주)박이정

한글에 날개를 달았습니다

독일의 훈민정음 학자 알브레히트 후베 교수가 이번에 "알기 쉬운 '날개를 편 한글'"을 펴 냈습니다. 훈민정음 연구에 가장 앞장선 외국 학자 후베 교수가 훈민정음에 담긴 신비로 운 비밀을 풀어내어 한글의 고귀한 가치를 일깨웠다는 점에서 매우 뜻깊은 일입니다. 이 책은, 알기 쉽게, 음양오행 우주론을 통해서 한글의 우수성을 밝히는 데에 목적이 있습니 다. 여기서 저는 '알기 쉽게'와 '한글의 우수성 밝히기'에 주목합니다.

먼저 '알기 쉽게'입니다. 아무리 훌륭한 내용이라도 독자들이 이해하지 못하게 서술한다 면 실패한 책이 됩니다. 그러나 지은이는 이해하기 쉽게 하기 위하여 애썼습니다. 복잡한 학술 문체를 피하는 대신 새로 도안한 그림과 도표로 설명해 갑니다. 오히려 이런 방법을 택했기에 내용이 훨씬 더 정확해졌습니다. 알기 쉬우면서 정확성을 유지한 것이 바로 이 책의 특징입니다.

다음은 '한글의 우수성 밝히기'입니다. 한글과 컴퓨터의 만남을 찾았습니다. 훈민정음 과 정보기술은 같은 기본 원리에 기반을 둔다는 사실에서 한글의 우수성을 밝혔습니다. 이진법이 그 기본 원리임을 제시합니다. 그리고 훈민정음을 창제할 때 성리학을 기준으로 한 사실에서 우수성을 찾았습니다. 음양오행에 의한 글자의 부호화를 제시합니다. 태극도 의 다섯 환을 통해 음양, 오행, 삼재, 사람이 활동하는 세상을 그려낸 것도 이 책의 특징입 니다.

이 책은 여기에서 그친 것이 아니라, 한글은 문자로서 독특하고 완벽한 체계임을 과학 적으로 일깨워 줍니다. 훈민정음 전문가는 물론, 한글에 관심 있는 일반인 모두 꼭 읽고 훈민정음 창제에 담긴 신비로운 뜻을 찾아가는 즐거움을 누리시기 소망합니다.

한글학회 회장

권재일

"날개를 편 한글"(박이정, 2019), 그 책을 받았을 때, 나는 먼저 그 제목에 감탄을 금하지 못했다. 정말 그 말이 맞다. '한글'은 이 지식정보시대에 그 날개를 펴고 있다. 그것도 활짝. 그리고 그 날개는 이제 전세계를 향해 펼쳐지고 있다. 나는 전적으로 이 제목에 공감한다. 외국인인 그의 입에서 그런 표현이 나온 것에 감사하고, 한편으로 내가 쓰고 싶은 제목을 선점한 것에 시기심을 가진다.

한글은 과학적이고, 만든 사람이 확실하며, 가장 최근의 문자라는 특성을 가지고 있다. 두 번째와 세 번째의 특성은 첫 번째인 과학적이라는 표현을 뒷받침한다. 세종대왕은 우주의 원리에 근거하여 문자를 만들었고, 훈민정음 프로젝트팀은 전대의 문자들에 대한 연구를 거듭했다. 결국 한자문화권의 변방에서 민족어의 특성을 충분히 반영한 문자가 탄생한 것이다.

이 문자는 동그라미(○), 네모(□), 세모(△)를 바탕으로 만들어진 닿소리와 가로선(ㅡ)과 세로선(ㅣ) 그리고 점(ㆍ)으로 구성된 홀소리의 체계를 가지고 있는데, 형태 자체가 간단할 뿐 아니라 생성적이어서 배우고 익히기에 유리하다. 오늘날 디자인계에서 이 글자꼴에 대한 관심이 늘어나고 있다.

그렇다 20세기 후반부터 한글은 날개를 뻗기 시작했다. 컴퓨터의 정보처리 원리는 마치 한글을 위해서 마련한 것처럼 보일 지경이었다. 오늘날 디지털 분야에서 한국은 세계를 선도하고 있는데, 그것은 자국어를 컴퓨터에서, 심지어는 단 10개의 자판을 가지고 있는 휴대전화에서조차 자유자재로 사용할 수 있는 한국어 언중의 밑받침을 받고 있다.

후배 교수님은 동양정신의 우주적 원리로 그 이유를 설명하고 있다. 그리고 한글 기계화와 전산화에서 생기는 문제점들을 훈민정음으로 돌아가 해결할 것을 말한다. 언어와 문자가 생명체처럼 변하고 있는 상황에서 원칙을 지킬 것인가, 변화에 적응할 것인가의 문제는 난제이기는 하지만, 후배 교수님의 뜻깊은 설명은 원칙과 창제 의도를 새겨들을 필요가 있다는 것으로 이끈다.

이번에 "알기 쉬운 '날개를 편 한글'" 펴내는 것도 그의 열정의 결과물이라고 본다. 나는 그의 열정이 영원하기를 기원한다. 나아가서 세계인들이 한글의 날개 아래서 우주적 원리를 이해하고, 세종대왕의 창제 원리에 감동하기를 기원한다.

한국학중앙연구원 교수
김병선

저희 덕성여대에 초빙교수로 재직하고 계시는 후배 교수님께서 10 여년전에 발간한 도서 독일어판 "한글과컴퓨터: 한글의 신비로운 비밀을 찾아서", 그리고 2019년에 나온 "날개를 편 한글"을 대중들이 보다 쉽게 이해할 수 있도록 "알기 쉬운 '날개를 편 한글'"을 발간하게된 것을 진심으로 축하드립니다.

후배 교수님의 해박한 한국어 실력은 알만한 사람들은 다 알지만, 일상 회화 수준에 그치는 것이 아니라 그 이상이라 점에서 세 번 놀라게 됩니다.

첫 번째는, '어떻게 외국인이 훈민정음에 대한 해박한 지식을 가지고 있지?'라는 질문을 던질 만큼 그 수준이 흔히 고등학교 국어 시간이나 짬짬이 흘러나오는 TV 교양 수준을 훌쩍 뛰어넘기 때문입니다. 저 또한 살짝 부끄러워지는 대목이기도 합니다.

두 번째는 '어떻게 훈민정음을 음양오행 우주론과 연결시킬 수 있지?'라 는 또 다른 경이로운 자문입니다. 물론 조선 초기 성리학이 지배계층의 사상을 선도하고 유교에 기반하여 도교의 음양오행 우주론이 지식 패러다임의 핵심을 차지하는 것을 충분히 감안한다 하더라도 이를 한글 창제원리에 연결시켜 독자들에게 쉽게 풀어 설명하는 것은 보통의 신공으로는 불가능하다는 것을 알기에 적잖이 놀라지 않을 수 없었습니다.

세 번째 질문은 - 놀람의 극치이기도 하지만 - '어떻게 14세기의 훈민정음과 내재된 사상을 21세기의 정보통신기술과 연결시킬 수 있는지?'입니다. 흔히 창의적 발상은 전혀 관련될 것 같지 않은 두 개를 통찰력을 기반하여 연결 지을 때 그 폭발적인 힘을 가진다고 합니다. 어떤 말보다도 '망치로 머리는 내려치는 듯한' 충격이었습니다. 부끄럽게도, 수백 년 전에 고안된 한글은 오늘날 서양에서 발달한 신문명의 이기(利器)에 탑재될 때 그 영혼은 탈탈 털릴 수밖에 없는, 불리한 구조라고 생각했습니다. 하지만 이러한 통념에 후배 교수님은 전혀 다르게 접근했습니다. 한글의 창제 원리와 철학이 ICT 시대에도 계승·접목될 수 있음을 통쾌하게 보여주고 있는 것입니다. 살면서 늘 깨어있으려 노력하지만, 잠깐 방심한 사이에 허를 찔린 듯했습니다. 후배 교수님의 눈에 이것이 포착되었다는 것은 국가적으로도 큰 수확입니다. "그걸 후배 교수님께서 해내시지 말입니다!"

　끝으로 이 책을 통해서 한글의 우수성을 일깨워주시고 우리 것의 소중함에 대해 늘 깨어있어야 함을 알게 해 주셔서 감사드리며 다시 한번 "알기 쉬운 '날개를 편 한글'" 도서 출간을 축하드립니다.

덕성여대 총장직무대리
김진우

알브레히트 후베교수님을 처음 뵌 것은 4년전 내가 국립한글박물관장으로 일할 때였다. 당시 개관한지 얼마안되는 국립한글박물관의 인지도를 높이기 위한 여러 시도 중의 하나로 한글과 관련한 저명한 인사들의 인문학특강 프로그램을 만들었는데 후베 교수님이 그 첫 번째 연사였다.

후베교수님은 강연에서 훈민정음 창제 원리와 철학, 한글의 확장성 등에 관해 외국인 한글학자의 시각에서 새로운 접근법으로 이야기해주셔서 참석자들의 지적 흥미를 충족시켜주며 큰 감명을 주셨다. 특히 내게는 그의 세종대왕에 대한 존경과 훈민정음 창제 정신의 철학적 기반에 대한 깊은 이해가 인상적이었다.

이때부터 한글연구와 관련한 국제회의나 전시회 등에서 교수님을 몇 번 더 볼 기회가 있었지만 다음해 내가 국립중앙박물관으로 자리를 옮기면서 부터는 소식이 뜸했다.

그러다 얼마 후 모처럼 교수님이 전화를 주셨다. 상기된 목소리로 한글의 또다른 비밀을 파헤친 책을 출판하시게 되었다는 것이었다. 바로 "날개를 편 한글"이라는 책이었다. 이 책은 한글연구 관계자들은 물론 일반 대중들에게도 컴퓨터의 이진법에 완벽하게 들어맞는 한글의 과학성과 미래적 가치를 다시 한번 일깨우게 하였다. 특히 세종대왕의 한글 창제에 기반이 되었던 음양오행의 이치를 한글의 디지털화에 접목시켜야 하는 당위성과 그 획기적 효과를 제시해 큰 관심을 끌었다.

그리고 한해가 지난 지금 이제는 "날개를 편 한글"에서 제시한 음양오행과 디지털의 접목과정을 한글연구의 초보자나 일반 대중 특히 어린 학생들까지 쉽게 이해할 수 있는 버전으로 "알기 쉬운 '날개를 편 한글'"이라는 책을 내신다. 특히 이번 저서는 문장이 짧고 명료하면서도 특별히 고안하신 그림과 도표를 적절히 활용하여 한글의 창제원리에 대한 기본지식이 없는 일반인과 학생들도 쉽게 이해할 수 있도록 많은 신경을 쓰신 것이 돋보인다.

이처럼 후베교수님의 지칠 줄 모르는 한글사랑과 식을 줄 모르는 학구열에 사뭇 머리를 숙이게 된다. 나 또한 후배교수님과 마찬가지로 세종대왕을 우리 역사와 문화에 있어 가장 큰 별로 존경하는 사람으로서 한글창제 뒤에 숨겨진 새로운 이야기들이 계속해서 세상에 알려질 수 있기를 바란다.

전 국립한글박물관장

2024 강원동계청소년올림픽조직위원회 사무총장

김철민

2010년 어느 날, 주독일 한국대사관 참사로부터 한통의 전화를 받았다. "후베 교수란 분이 독일어로 된 훈민정음 관련 책을 냈는데 교수님께서 잘 알고 계시다고 해서 전화를 했습니다."

"예, 1996년 중국 엔지에서 열린 '코리언 정보처리 학술대회'에 훈민정음 관련 논문을 발표해서 아는 분입니다." 그 때 논문은 발표되었으나 만나지는 못했다. 논문의 내용을 잘 기억하는 까닭은 1994년에 첫 회의부터 북한 학자들은 자모 순서에 큰 관심을 보였다. 필자는 1992년 ISO/IEC JTC1/SC2 국제문자코드에 실릴 한국안을 결정하는 서울회의에 '훈민정음 창제 원리를 바탕으로 하는 (훈민)정음형 코드'를 제안하였고, 회의결과 채택되어 '한글자모' 코드의 탄생에 기여한 바 있다. 그 때 한글자모 코드는 한글맞춤법을 따랐기 때문에 북한의 조선글 자모 순서와 달랐다. 그것을 해결하는 과정에서 남북의 학자들이 고심하고 있는 가운데 그 때 필자가 후베 교수의 논문에서 '훈민정음 자모 순서로 하자'는 내용을 상정하여 검토 대상으로 삼은 적이 있었다.

2017년 9월, "저는 후베입니다. 9월 12일 경주에 갑니다. 혹 찾아뵈어도 되는지요?" 정말 반가운 전화였다. 21년 만에 필자의 연구실에서 처음 만났다. 그 때 마침 2015년부터 3년간 연구하던 훈민정음 공학화 연구 과제가 마무리되고 있었다. 1992년 훈민정음해례에서 정의된 약 399억 소리마디 글자 생성 원리에 관한 논문을 발표한 뒤 이를 컴퓨터에 구현하는 연구를 계속했는데 조합방식에 따른 약 399억 소리마디 글자꼴의 완전 집합을 보여 줄 수 있었다. 9월 14일 후베 교수는 '한글은 묶여있는 영웅'이란 주제의 강연을 하였다. 그 내용은 필자의 연구 핵심과 일치한다. 그는 같은 해 11월 3일 세계유산도시기구 경주총회에서 주제 강연을 하였고, 또한 2018년 세계한글작가대회 때 '한글은 묶여있는 영웅 II'라는 주제 강연을 하였다.

훈민정음해례는 조선시대 최고의 학자들이 음양오행을 바탕으로 풀어낸 것으로 정말 심오한 논리를 갖춘 과학의 산물이다. 이러한 훈민정음을 서양의 사고체계와 관점을 가진

분이 그것을 단지 이해하는데 그치지 않고, 우리가 한글맞춤법에 안주하며 훈민정음의 핵심적 참 가치를 망각하고 있는 어리석음을 질타하며 훈민정음의 참 가지와 그 가능성을 일깨워주고 있다. 그의 이러한 연구 성과에 대하여 찬사를 보내지 않을 수 없다. 2010년 독일어 판에 이어 2019년에는 "날개를 편 한글"의 한글판을 펴낸데 이어 "알기 쉬운 '날개를 편 한글'"의 출판은 그 실체를 이해하고 대중에게 공감을 제공하며 그간의 연구 성과가 실용될 수 있도록 하는데 크게 도움을 줄 것으로 기대한다. 특히 훈민정음의 표기체계의 확장성이 "천지자연의 소리가 있으면 천지자연의 문자가 있다(有天地自然之聲 卽必有天地自然之文)"라고 설파하신 정인지 선생의 말씀을 인용하면서 천지자연의 천문학적 소리 표기에 상응하는 약 399억 소리마디를 표기하는 방법에 이르기까지 해례에 담긴 음양오행의 이치를 기반으로 인문학도에게 쉽지 않은 컴퓨터 과학과 공학의 실현 기술을 함께 다루고 있어서 훈민정음이 가진 힘의 위대성을 밝혀낸 연구에 있어서 극치의 일면을 보여주고 있다고 본다.

이 책을 통하여 그간 이룬 연구 성과를 실용할 수 있게 함으로써 유네스코 기록 유산인 훈민정음이 인류의 기록 역사에 더 높은 업적을 이룩해 낼 것을 기대하며 함께 기뻐한다.

경주 동국대학교 컴퓨터공학과 교수
온방골에서 변정용

놀랍고 고마우며 면구스럽다. 후베 교수와 그의 글을 대할 때면 갖게 되는 우리의 심정이다.

우리의 글 한글에 대하여 이만큼 애정을 가지고 열성적으로 들여다보는 한국인이 과연 얼마나 있을까? 한국어학자나 한국어 교육자, 한글 운동가 들도 따라가기 어려울 만큼 한글과 한국어에 대해 깊은 사랑을 품고 사시는 분이며, 그리하여 한글 연구와 식견이 누구보다 높은 분이 바로 독일인 후베 교수이다. 그는 세계인들이 더구나 한국인들도 한글의 위대성을 제대로 알고 있지 못함을 늘 안타까워한다. 한국어 연구를 평생 과제로 살아온 나 자신도 이 분에게는 부끄럽다.

필자는 20여 년 전에 독일 본(Bonn) 대학교의 후베 교수 연구실을 찾은 적이 있었는데, 연구실에 걸려 있는 잘 만들어진 손기정 선수의 청동상 사진을 보고 감동하였다. 일제 시기 베를린 올림픽 때 마라톤 우승자인 손기정 선수를 생각하며 동상을 조각하셨던 후베 교수의 아버지부터 이미 한국은 관심과 사랑의 나라였다. 수십년 동안 이 애정물을 연구실에 간직하며 바라본 아들이 한국어를 공부하고 한국어 교수가 된 것은 당연한 귀결이며, 그 사랑은 그를 한글 연구에 심취하도록 이끈 것이었다.

그런데 한글은 또한 그를 매료시켰다. 한글이 가진 엄청난 과학성과 철학적 깊이는 후베 교수를 점점 더 한글 연구에 몰두하게 하고 그럴수록 커다란 보람을 느끼게 하였다. 그는 벌써 이에 관한 책을 두 권("한글과 컴퓨터", "날개를 편 한글")이나 간행하였고, 이제 일반인들이 쉽게 접근할 수 있는 이 책 "알기 쉬운 '날개를 편 한글'"을 펴내기에 이르렀다. 저자는 한국어를 내국인과 구분하기 어려울 만큼 정확하게 발음하며 단어 선택이나 문장 표현도 외국인이라고 말하기 어려울 정도이다. 뿐만 아니라 한국의 고전 문학 등 한국의 어문학, 문화, 역사, 사회 등에 관한 폭넓고 심도 있는 지식과 이해는 내국인들을 능가하는 경우가 많다. 위의 책들도 이만한 배경 아래에서 이루어진 것이다.

이 책에서는, 훈민정음 즉 한글의 제자 원리가 그것이 만들어진 15세기 중엽 동양의 기반 철학인 음양오행 우주론을 기초로 하면서도 발성기관의 형상이나 발음 구조를 충실히 반영하는 과학성을 보였음을 낱낱이 알기 쉽게 설명하였다. 더구나 이진법 제도인 음양오행과 이진법으로 작동하는 현대 컴퓨터가 만나면 400억의 한글 다발을 잘 쓸 수 있다고 밝히면서, 한글 구조가 정보 기술의 기본 원리에도 그대로 적용되는 우수한 이론을 가지고 있음을 강조하였다. 이에 따라 컴퓨터 자판의 글자 배정과 한글 유니코드 문제도 짚었다. 대단한 성과를 이룬 책이라 생각된다.

우리는 세종이 위대하며 한글이 훌륭하다고 막연히 말하지 말고, 이와 같은 책을 읽으며 한글에 대해 좀더 구체적이고 정확한 이해를 가짐으로써 우리말과 글을 더욱 사랑하며 발전시키도록 노력해야 할 것이다.

고려대학교 국어국문학과 명예교수
겨레말큰사전 남측 편찬위원장
홍종선

존경하는 독자에게,

　이미 2010년에 독일어로 《한글과 컴퓨터: 한글의 신비스런 비밀을 찾아서》라는 책이 나올 때에 독일 대학 동료들이 저자에게 알기 쉬운 판을 만들어보라고 권했습니다. 그리고 10여 년이 지났습니다. 《날개를 편 한글》을 발행한 박이정 출판사의 권유로 《알기 쉬운 〈날개를 편 한글〉》이라는 제목으로 이 책이 드디어 나오게 되었습니다.

　이 알기 쉬운 판을 저작할 때에도 한글 문자의 독특하고 완벽한 체계에 대해 다시 깊은 인상을 받았습니다. 15세기에 언어학과 문자학이 현재처럼 발달되지 않았고 관련된 학술 용어와 개념들도 아직 개발되지 않았는데도 한글 문자의 전체 체계는 현재 입장에서 보아도 더 완벽할 수 없다고 느껴집니다. 오히려 현재에 와서도 이 문자 체계에서 여러 신비스러운 비밀을 아직도 발견하지 못했다는 느낌이 든 적도 있습니다. 한글의 원전인 《훈민정음》을 통해서 이런 비밀을 찾고자 합니다 ('2. 본 연구의 목적' 참조).

　내용을 쉽게 이해하기 위하여 복잡한 학술적인 문체로 쓰지 않도록 노력하면서 주석을 달지 않았으며 참고 문헌도 언급하지 않았습니다. 대신 새로 도안한 그림과 도표로 설명해 봤습니다. 이런 방법을 택했기에 내용을 다시 생각하게 되면서 내용이 더 정확해졌습니다. 특히 자판과 관련된 음양과 좌우에 대한 문제를 잘 해결하게 되었습니다. 그리고 복잡한 학술적인 문체를 피하려고 했어도 정확성을 유지해야 한다는 것은 당연합니다. 하지만 아무 학술 용어 없이 쓸 수는 없기에 먼저 본 책에서 중요한 학술 용어의 정의를 해 보겠습니다.

　우선 의미가 비슷한 '기호', '문자', '글자'와 같은 학술 용어는 어떤 차이가 있을까요?

'문자'라는 개념은 두 의미를 가지고 있습니다.
(1) 통괄적인 의미는 표현하고자 하는 말이나 생각, 흉내내려고 하는 주변 소리 등등 종

이나 다른 매체에 적어 두는 '기호'와 그 기호의 체계를 의미합니다. 영어로 script, 독일어로 Schrift라고 부르며 문자 중에 한글, 로마자, 한자 등등이 있습니다.

'기호'는 일반적인 개념으로서 '문장부호'(쉼표, 점, 느낌표 등등)와 '문자'를 포함합니다. 영어로 sign입니다. 그러나 바로 이 '문자'는 또 다른 의미를 가집니다.

(2) '문자'의 두 번째 의미는 영어로 말하면 바로 알 수 있는 것 같습니다. 즉 character이며 독일어로 Schriftzeichen이라고 부릅니다. 이 두 번째의 '문자'는 언어의 한 음(소리)을 표현하는 '기호'입니다.

본 책에서는 혼돈하기 쉬운 두 '문자'라는 의미를 구별하기 위해 전자를 '문자script', 후자를 '문자character'라고 합니다.

또한 '문자character'와 '글자' 사이에 어떤 차이가 있습니까? 위에 서술한 바와 같이 문자character가 하나의 음(소리)을 대표하므로 음(소리)과 함께 하나의 쌍을 만듭니다. 이런 쌍을 '글자'이라고 부르는데 영어로 letter, 독일어로 Buchstabe입니다. '자모字母'는 같은 뜻입니다 (글자의 또 다른 특징은 '4.3 한글의 공리' 참조).

여러 '글자'를 '단어'로 조합합니다. 글자들은 여기서 어떤 역할을 할까요? 다른 단어와 구별하는 것입니다. 단어의 발음을 정확하게 할 수 있으며 의미도 정확해집니다. 예를 들면

- '편지'와 '면지' : 'ㅍ'과 'ㅁ' 두 글자 때문에 두 단어를 발음과 의미상으로 구별하기가 가능합니다.
- '면지'와 '먼지' : 'ㅕ'와 'ㅓ'로 두 단어의 발음과 의미를 구별할 수 있습니다.

  이런 구별 역할 때문에 글자를 특히 학계에서 더 정확하게 '음소音素'와 '자소字素'이라고 합니다. '음소'는 글자의 음(소리)적인 측면, '자소'는 그의 문자character적인 측면을, 즉 한 쌍의 두 측면을 가리킵니다 ('4.1 메타 모델' 참조). 본 책에서는 주로 글자라는 용어를 쓰는 것이 적당합니다.

모든 결과와 결론을 《훈민정음》에서 연역하도록 했습니다. 해당되는 부분을 《훈민정음》에서 옮겨 번역했습니다. 단 마지막 번역 인용문은 김슬옹 저, 《훈민정음 해례본 입체강독본》(개정증보판, 박이정, 2018)에서 옮겼습니다. 해당되는 페이지 번호를 [ ]에 넣었습니다.

한문으로 쓰인 《훈민정음》의 원문을 한국어로 옮길 때에 다음과 같은 주의사항이 있습니다.

원문의 초성, 중성, 종성을 그대로 옮겨 사용해도 되지만 오히려 '나라말씀'을 더 잘 표현하는 순 한국어 용어는 더 적당하다고 생각됩니다. 그래서

> 초성(자)은 첫소리(글자),
>
> 중성(자)은 가운데소리(글자),
>
> 종성(자)은 끝소리(글자)이며
>
> 자음(자)은 닿소리(글자),
>
> 모음(자)은 홀소리(글자)로 표현합니다.

이 순 한국어 용어를 사용함은 《훈민정음》의 번역 부분에만 제한되어 있습니다.

주의사항이 하나 더 남았습니다.

의미가 다른 두 '음'이 있습니다.

하나는 음양의 '음陰'이며 또 하나는 '소리'라는 뜻입니다. 두 '음'을 구별하기 위하여 후자를 음(소리)로 씁니다.

끝으로 두 분에게 따뜻한 감사의 말을 적고 싶습니다.

본 책을 저작한 후 교정을 보느라고 애를 많이 쓴 아내 김소영 님이 끝없는 인내로 본

인의 이야기와 설명을 들어주면서 저작 과정을 다시 응원해 주었습니다. 또 박이정 출판사 박찬익 사장님의 권유가 없었으면 아마도 이 책이 안 나오게 되었을지 모릅니다.

감사합니다.

한글의 발전을 기원하며.

2021년 3월 2일
코로나에 의한 제한이 부분적 해소된 첫 날
덕성여대도서관에서
알브레히트 후베(허 배) 드림

차 례

축사 • 4

들어가는 말: 존경하는 독자에게 • 15

1. 《훈민정음》과 성리학   22

2. 본 연구의 목적   24

　2.1 《훈민정음》과 정보기술의 공동 기본 원리 • 24

　2.2 《태극도》의 음양오행 우주론 • 26

3. 문자script의 유형과 한글   28

　3.1 문자script의 운용 방식 • 28

4. 한글의 문자script 체계   30

　4.1 메타 모델 • 30

　4.2 《훈민정음》의 메타 모델 • 32

　4.3 한글의 공리 • 33

　　4.3.1 제 1 단계: 음(소리)에 문자character를 지정함 • 34

　　4.3.2 제 2 단계: 한글 글자의 체계 : 메타 차원 (I) • 36

　　4.3.3 제 3 단계: 한글 글자를 조합함 : 메타 차원 (II) • 43

　4.4 메타 차원이 빠진 현재의 한글 • 49

5. 한글과 컴퓨터의 만남 (I) : 한글을 컴퓨터로 처리함　　50

5.1 겉으로 보이는 문제 • 50

5.2 컴퓨터가 작동하는 기초 조건 : 글자의 부호화 (I) • 52

6. 한글맞춤법 : 현재 한글 글자의 개수와 순서　　54

6.1 한글 맞춤법에 대한 평가 • 56

7. 한글과 컴퓨터의 만남 (II) : 한글 글자의 입력　　58

7.1 현재 자판 • 58

7.2 음양오행을 기준으로 한 자판 • 60

8. 컴퓨터 내부에서의 한글 글자 처리 : 부호화 (II)　　64

8.1 겉으로 보이지 않는 문제 • 64

9. 음양오행에 의한 한글 글자 부호화 : 부호화 (III)　　68

10. 한글을 컴퓨터에 다발로 쓸려면, 그 원칙　　70

11. 결론으로 : 정인지의 말은 재확인됨　　72

덧붙이는 말: 세종대왕, 고트프리트 빌헬름 라이프니츠와 이진법 • 73

부록 1 유니코드 한자 코드표 • 76

부록 2 유니코드 한글 Jamo 코드표 • 77

부록 3 표 일람 • 78

부록 4 그림 일람 • 79

1. 《훈민정음》과 성리학

양력 1444년 1월, 약 600년전에 세종대왕이 새로운 문자^{script}를 발명했다는 소식이 반포되었다. 1446년 10월에 이 문자를 위한 규칙서인 《훈민정음》이 나왔다.

이 문자는 1896년 국문이 되어 20세기 초에 한글이라는 이름을 받았다.

한글은 세계 문자 중에 독특하고 우수한 과학적인 문자로 알려져 있다.

조선이라는 나라가 14세기 말에 건국되었을 때 성리학이 나라의 국가적인 이념으로 정해졌다. 성리학의 일부분은 도교의 음양오행 우주론이다.

19세기 말에 음양오행 우주론으로 태극기가 만들어졌을 때를 즈음해서 한글이 국문으로 인정 받게 되었다.

그림 1 1883년에 반포된 태극기

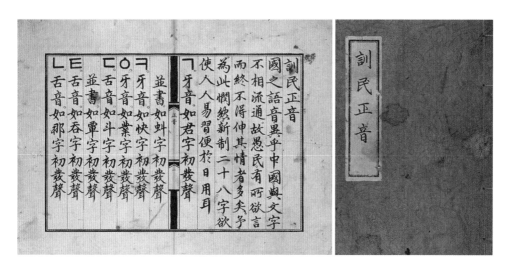

그림 2 1446년 《훈민정음》의 〈예의〉

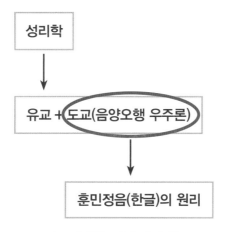

그림 3 성리학(도교)과 《훈민정음》

2. 본 연구의 목적

한글을 물론 컴퓨터로도 쓸 수 있지만 쓰면서 우리가 인지하지 못하는 문제와 모순들이 적지 않기에 한글이 가지고 있는 원래의 우수성이 대부분 없어졌다 ('4. 한글의 문자 체계'와 '5.1 겉으로 보이는 문제' 참조). 원전인《훈민정음》, 즉 한글의 이론 바탕이 되는 음양오행 우주론을 통해서 우수성을 되찾는 데에 본 연구의 목적이다.

2.1《훈민정음》과 정보기술의 공동 기본 원리

한글 정보기술에는 원전인《훈민정음》과 더불어 음양오행 사상과 관계가 없다는 생각으로 현재까지 이러한 연구의 출발점이 없었다. 이런 연구의 타당성이 있다는 확신은 두 분야가 같은 기본 원리에 기반한다는 사실에서 나온다. 기본 원리는 이진법이다.

0과 1	▬▬과 ▬

◑더 알아보기

0/1 숫자나 ▬▬/▬ 기호나 서로 다른 두 상태를 표현한다. 즉 전기로 작동하는 컴퓨터에서는 0은 약한 전류, 1은 강한 전류를 의미한다. 이 경우에도 0은 ▬▬으로, 1은 ▬로 표현해도 결국 같은 경우이다.

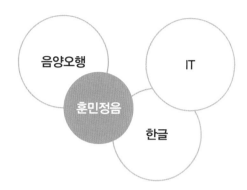

그림 4 한글과 정보기술에 대한 연구 현황

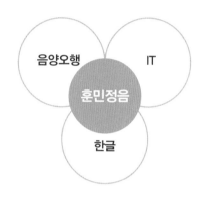

그림 5 《훈민정음》을 중심으로 한 새로운 연구 단초

— ◑더 알아보기 ——————————————————————

한글은 과학성이 높다는 주장을 자주 듣는다. 단 과학성이라는 개념의 기준에 따라서는 적당하다. 현재 사용하는 뜻을 기준이 아닌 《훈민정음》을 창제할 때, 즉 성리학을 기준으로 해야 학술적으로 맞는 것이다.

성리학 작품 중에 도교의 음양오행 우주론을 정확하게 설명하는 《태극도》는 중국 유학자인 주희朱熹(1130~1200)가 이것을 중요한 작품으로 인정하면서 《태극도》에 대한 널리 알려진 설명도 완성했다.

이 《태극도》가 《훈민정음》에 직접적으로 나타나지는 않지만 《훈민정음》의 저작자들이 이 《태극도》를 분명히 토대로 삼았다는 것은 그들이 주희가 쓴 《태극도》에 대한 해설의 여러 문장을 그대로 《훈민정음》에 옮겨 적었다는 것으로 확실히 알 수 있다.

《태극도》에 의하면 다섯 환이 우주를 표현한다. 태극인 첫 환 다음에 음양이 있다. 음양의 움직임으로 오행이 생긴다. 오행의 세번째 환 맨 아래 보이는 작은 점은 하늘과 땅과 사람을 말하는 삼재 중의 사람을 가리킨다. 마지막 두 환은 사람이 활동하는 세상이다. 사람이 사람이 필요한 만큼 바꿀 수 있는 세상이다.

《훈민정음》〈해례〉는 이런 말로 시작한다.

1 ── 글자를 만들기 풀이

　　하늘과 땅의 도道는 음양과 오행뿐이다. 시작과 끝 사이에 태극이 있고 움직임과 고요함 뒤에 음양이 갖추어진다. 하늘과 땅 사이에 존재하는 모든 생명이 어찌 음양을 떠나 존재하리요. 그러므로 사람의 말소리에도 음양의 이치가 있는데 다만 사람이 이를 살피지 않았을 따름이다. 이제 정음을 만든 것도 처음부터 총명과 노력에서 얻어진 것이 아니라 다만 그 말소리에 있는 이치를 밝혔을 뿐이다. 이치는 둘이 아니며 하늘과 땅, 신과 귀신, 즉 우주에 따르는 원칙을 사용하는 것 이외에는 아무 것도 아니다. (해례 1a.3~1b.2)

2 ── 사람의 말소리는 음양오행에 근본을 두고 있다. (해례 2a.4~5)

《태극도》에 원래 없는 것은 셋째와 넷째 환 사이에 그어진 점선이다. 이 점선은 대자연과 사람이 바꿀 수 있는 세상을 서로 나누어서 봐야 한다는 것을 나타낸다.

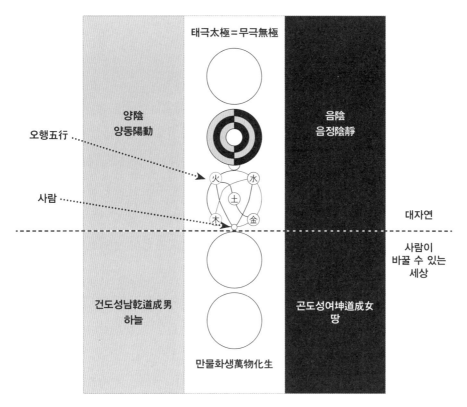

그림 6 《태극도》의 음양오행 우주론 (점선 및 가장자리의 설명은 원래 없으나 '한글의 공리'를 이해와 표현하는 데에 도움을 준다. '4.3 한글의 공리' 참조)

3. 문자^{script}의 유형과 한글

한글은 무슨 문자^{script}인가? 무슨 유형에 속하는 문자인가?

한국 주변 나라의 문자를 보면 여러 문자 유형이 존재한다는 것을 쉽게 알 수 있다.

중국 문자인 한자는 발음이 아니고 단어의 의미를 표현하는 반면에 한글은 소리를 표기하는 문자이다. 그래서 한자를 '단어문자'라고 하는데 한글을 '소리문자'나 '표음문자'라기도 한다. 일본 문자인 히라가나나 가타카나도 소리를 표기하지만 음절을 하나의 글자로 표기하는 반면에 한글은 현재 단 24개의 글자(자모)로 형성된 '자모문자', 즉 '알파벳문자'이다. 다른 알파벳문자 중에 로마 문자나 키릴 문자가 세계적으로 많이 사용되고 있다.

다른 자모문자와 비교하면 한글의 우수한 특징 중에 제일 잘 알려져 있는 것은 자음자(닿소리 글자)의 모양이다. 이 모양은 바로 각 자음(닿소리)을 발음하는 발음 기관의 모양에서 유래한다는 것이다. 모음자(홀소리 글자)도 이런 현상이 있다 ('4.3.1 제1단계: 음(소리)에 문자^{character}를 지정함' 참조).

또 하나의 특징으로 글자를 '음절 다발'로 모아쓴다는 것이다. 즉 로마 문자에 글자를 한 선에서 옆으로만 이어쓰는 반면에 한글 글자는 옆과 아래로 모아쓰는 법이다. 그 이유는 무엇인가? ('4. 한글의 문자^{script}체계' 참조)

문자script유형	예문
단어문자	陰陽五行
표음(소리)문자	
ㄴ 음절문자 (일종)	いんよう ごぎょう
ㄴ 자모문자	Yin-Yang Five Phases
ㄴ 자모문자 (음절 다발로)	음양오행

표 1 문자script유형 : 단어문자 및 표음(소리)문자

3.1 문자^{script}의 운용 방식

모든 문자^{script}가 두 기본 단위를 쌍으로 합쳐야 문자로서의 기능을 할 수 있다. 단어문자의 경우에는 형태소^{morphem}(의미의 기본 단위)와 문자^{character}가 쌍이 되어야 하며 표음

문자의 경우는 음(소리)과 문자character가 쌍을 만들어야 한다.

형태소 ↔ 문자	음(소리) ↔ 문자
예 : {사람} ↔ 〈人〉	/ka/ ↔ 〈か〉
단어문자의 원리 : 형태소와 문자의 쌍	음절문자의 원리 : 두 개 이상의 음(소리)과 문자의 쌍

표 2 단어문자와 음절문자의 운용 방식

─ ◉더 알아보기 ─

지면에 음(소리) 자체를 표현하지 못하므로
/ / 사이에 적힌 문자character는 그의 음(소리)적인 가치만 의미한다. 그 외에
〈 〉 사이에 적힌 문자는 그의 자字적 가치만 의미하며
{ } 사이에 적힌 문자는 그의 의미적인 가치만 표현한다.

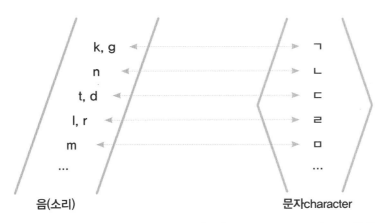

표 3 자모문자alphabetic script의 원리 : 음(소리)과 문자character를 쌍으로 결합함

─ ◉더 알아보기 ─

자모문자에 한 음(소리)이 두 세 개의 문자로 표기되는 경우가 드물지 않다.
　예: 〈character〉의 〈ch〉는 두 문자인데 /k/라는 한 음(소리)을 대표한다. 한국어의 〈빵〉의 〈ㅃ〉
　의 경우에도 〈ㅃ〉은 원래 두 문자인데 /pʼ/라는 음을 표기한다.
쌍이 된 음(소리)과 문자character의 관계를 해소하면 문자script로 서로 통할 수 없게 되고,
즉 의사소통이 불가능해진다.

4. 한글의 문자script 체계

4.1 메타 모델

한글의 문자script 체계를 완벽하게 파악하는 데에 독일 언어학자인 페터 아이젠베르크Peter Eisenberg 교수가 1996년에 도입한 전체론적인 메타 모델이 가장 적합하다. 이 메타 모델로 자모문자alphabetic script의 기능과 특징을 정확하게 설명할 수 있다. 아이젠베르크 교수에 의하면 모든 단계/차원이 전체 문자 체계에 중요한 역할을 할 수 있다.

메타 모델은 4단계/차원으로 구성되어 있다.

◑더 알아보기

① 제 1 단계 : 한 음(소리)에 어떤 문자character가 지정된다.

예 : /k,g/ → 〈ㄱ〉

② 제 2 단계 : 해당하는 언어의 음(소리)들과 문자들 사이에 질서가 배정된다.

(1) 각 음(소리)과 문자가 하나의 쌍으로 결합된다.

예 : /k,g/ ↔ 〈ㄱ〉

(2) 이 쌍으로 정해진 관계를 바꿀 수 없으므로 단어를 정확하고 다른 단어와 혼돈되지 않게 표현할 수 있다. (이렇게 해서 음(소리)과 문자는 의미의 기본 단위로 되어 음소音素와 자소字素로 불린다.)

예 : 〈간, 반, 난 … 건, 곤, 군 …〉 에 있는 〈ㄱ, ㅂ, ㄴ〉 초성자와 〈ㅓ, ㅗ, ㅜ〉 중성자는 음(소리)과 문자로 의미를 구별 가능하게 함.

(3) 이런 질서는 음소-자소로 된 쌍의 숫자와 순서가 일정불변의 것이다. 숫자와 순서의 질서로 자모 체계alphabetic order가 이루어지며 각 자소를 보통 글자letter라고 한다.

예 : ㄱ, ㄴ, ㄷ, ㄹ, ㅁ, ㅂ, ㅅ, ㅇ … , a, b, c, d, e, f, g, h …

③ 제 3 단계 : 글자들을 각각 단어로 조합하여 쓴다.

예 : ㅎ + ㅏ + ㄴ ㄱ + ㅡ + ㄹ → 한글

④ 메타 차원 : 제 1~3 단계에 해당하는 규정을 제공한다.

그림 7 **표음문자의 메타 모델.** ④는 1∼3 단계를 포괄하는 메타 차원

─ ◑더 알아보기 ─────────────────────────────

세계 대부분의 문자script에 자소와 음소가 쌍이 된 것은 계획된 것이 아니라 자의적이다(arbitrary).

세종대왕이 개발한 한글은 큰 예외이다. 특히 자음자의 모양이 생긴 원칙이 암시하듯이 자의적인 문자가 아니다 ('4.2 《훈민정음》의 메타 모델' 또는 '4.3 한글의 공리' 참조).

4.2 《훈민정음》의 메타 모델

본 연구의 놀라운 결과를 앞당기자면 이미 1446년에 나온 《훈민정음》이 메타 모델처럼
완벽한 문자 모델과 더불어 완벽한 문자 체계를 이루었다는 사실이다.

메타 차원은 바로 음양오행 우주론이다.

3 —— 천지자연의 소리가 있으니 반드시 천지자연의 글자가 있다. (서문 26b.4~5)

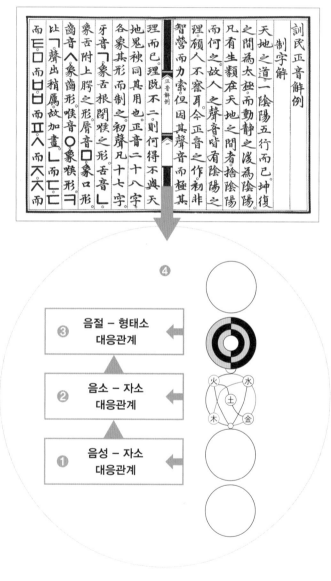

그림 8 《훈민정음》과 메타 모델

《태극도》에 의하여 한글 문자의 체계에서는 4개의 단계/차원이 엄격히 구분된다.

━ ◑더 알아보기 ━

1) 문자character의 모양이 생기는 단계*

2) 음소-자소 대응관계가, 즉 쌍(글자)이 정해지는 단계*

3) 글자로 음절 다발을 만드는 단계**

4) 우주론적인 메타 차원은 위 세 단계를 포괄함*

* 대자연이 주는 것을 사람이 바꿀 수 없는 영역.

** 삼재(하늘, 땅, 사람) 중의 사람이 우주의 원리를 벗어나지 못한 채 임의로 사용과 조합할 수 있는 영역.

태극도〈太極圖〉

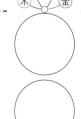

| 대자연 |

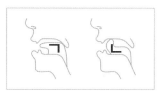

문자character의 모양
음(소리) + 문자의 결합(쌍) = 글자
글자(쌍)의 개수 및 순서

| 사람이 바꿀 수 있는 세상 |

그림 9 《태극도》의 음양오행과 한글 공리

4.3.1 제1단계: 음(소리)에 문자character를 지정함

획기적인 문자학적인 아이디어로서 문자의 외형은 그와 해당하는 음(소리)을 발음할 때의 발음 기관 모습을 본으로 삼는 것이다.

4 —— 정음 스물여덟 자는 각각 그 모양을 본떠 만들었다. [...] 이렇게 어금니 소리 ㄱ은 혓 뿌리가 목구멍을 닫는 모양을 본뜨고 혓소리 ㄴ은 혀가 윗잇몸에 붙는 모양을 본뜨고, 입술소리 ㅁ은 입의 모양을 본뜨고, 잇소리 ㅅ은 이의 모양을 본뜨고, 목구멍 소리 ㅇ은 목구멍의 모양을 본떴다. ㅋ은 ㄱ에 비해 소리가 더 강하게 나므로 획을 더하였다. ㄴ과 ㄷ, ㄷ과 ㅌ, ㅁ과 ㅂ, ㅂ과 ㅍ, ㅅ과 ㅈ, ㅈ과 ㅊ, ㅇ과 ㆆ, ㆆ과 ㅎ에서도 마찬가지로 획이 더하여졌다. ㆁ만이 예외다. 반혓소리 ㄹ, 반잇소리 ㅿ도 마찬가지로 조음할 때 혀와 이의 모양을 본떴으나 다른 체계에 속하기 때문에 가획은 무의미하다. (해례 1b.2~2a.4)

5 —— · [...] 글자 모양이 둥근 형을 취함은 하늘을 재현해 낸 것이다. ― [...] 글자 모양이 평평함은 땅을 표현해 냄이다. ㅣ [...] 글자 모양이 서 있음은 사람의 모양을 취함이다. (해례 4b.5~5a.2)

6 —— 이 (모음자)모양은 삼재三才의 이치를 갖춘 하늘·땅·사람에서 본을 취한 것이다. (해례 6a.8~6b.1)

◑더 알아보기

다른 문자script와 달리 한글의 우수한 특징은 소리와 문자character의 동시적인 근원은 인체다. 이것은 사람이 바꾸지 못하는 사실이다. 음(소리)에 문자를 지정하는 것은 대자연의 영역에서 이루어지는 일이다.

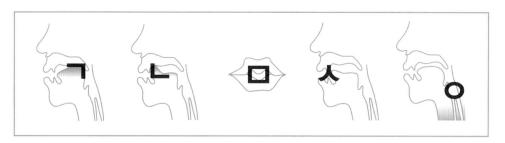

...

그림 10 한글 자음자와 모음자가 자음과 모음을 발음할 때의 입 모양을 반영한다.
(모음자를 형성하는 또 다른 원칙은 그림 12, 13 참조)

4.3.2 제 2 단계: 한글 글자의 체계 : 메타 차원 (I)

한글 글자(자모)의 체계, 그의 질서, 즉 글자의 개수와 순서 등은 사람이 바꿀 수 없는 대자연의 영역에서 이루어진다.

(1) 글자의 본성

모든 글자가 삼재와 음양오행의 본질을 지니고 있다. 그러므로 한글 글자는 삼재, 음양오행이 이루는 우주의 일부분이다 (한글 음절 다발의 체계는 4.3.3 참조).

7 —— 그러므로 사람의 말소리에도 음양의 이치가 있는데 다만 사람이 이를 살피지 않았을 따름이다. [...] 이치는 둘이 아니며 하늘과 땅, 신과 귀신, 즉 우주에 따르는 원칙을 사용하는 것 이외에는 아무 것도 아니다. (해례 1a.6~1b.2)

8 —— 사람의 말소리는 오행에 근본을 두고 있다. 그런 이유로 의문의 여지도 없이 사람의 말소리는 사계절과도 일치하고 오음과 조화를 이룬다. (해례 2a.4~6)

9 —— 가운데소리와 대비하여 첫소리에 대해 말하면, 음양은 하늘의 본체이고 강함과 부드러움은 땅의 원칙이다. 가운데소리는 깊고 얕으며 닫혀 있거나 열려 있다. 이는 음양이 나누어지는 것이고 오행의 기운이 생겨나는 것이니 바로 하늘의 작용이다. (해례 7b.1~5)

10 —— 오행과 오음은 언제나 서로 분리되어 있지 않다. (해례 10b.2)

11 —— (글자는) 그 자체로 천, 지, 인 삼재와 음양 이기의 오묘한 의미를 지닌다. 이는 예외 없이 모든 글자에 다 해당된다. (서문 27b.8~28a.1)

12 —— ·에서 [...] 첫 두 시간동안 하늘이 열린다. [...] ㅡ에서 그 다음 두 시간동안 땅이 열린다. [...] ㅣ에서 [...] 세 번째 두 시간동안 사람이 창조된다. (해례 4b.5~5a.1)

13 —— 사람의 말소리는 오행에 근본을 두고 있다. 그런 이유로 의문의 여지도 없이 사람의 말소리는 사계절과도 일치하고 오음과 조화를 이룬다. 목구멍은 깊고 젖어 있다. 이는 (오행에서) 물과 일치한다. [...] 계절로는 겨울과 같고 음악의 소리로는 '우羽'가 된다. 어금니는 단단하고 크다. 이는 (오행에서) 나무와 같다. [...] 계절로는 봄이고 음악의 소리로는 '각角'에 해당한다. 혀는 날카롭고 움직이니 (오행에서) 불에 해당한다. [...] 계절로는 여름과 같고 음악의 소리로는 '치徵'가 된다. 앞니는 강하고 날카로우니 (오행에서) 쇠에 해당한다. [...] 계절로는 가을과 같고 음악의 소리로는 '상商'이 된다. 입술은 네모형을 만들어 함께 합쳐진다. (오행에서) 흙이다. [...] 계절로는 늦여름과 같고 음악의 소리로는 '궁宮'이 된다. [...] 목구멍은 (맨) 뒤에 있고 어금니가 그 다음에 온다. 목구멍과 어금니는 방위로는 북쪽과 동쪽이다. 혀와 앞니가 그 다음이다. 방위로는 남쪽과 서쪽이다. 입술이 마지막에 온다. 흙은 일정한 자리가 없지만 사계절의 무르익음에 의존한다. (해례 2a.4~3a.7)

음양	삼재	하늘	양			음	
		사람	정의			호의	
		땅	강剛			유柔	
오행 (《훈민정음》에의 생성 순서)	삼재	하늘	수성	목성	화성	금성	토성
			비	햇빛	더위	추위	바람
			지智	인仁	예禮	의義	신信
		사람	ᆞ	ㅏ	ㅗ	ㅓ	ㅡ
			ㅇ	ㄱ	ㄴ	ㅅ	ㅁ
			우	각	치	상	궁
			신장	간장	심장	폐	지라
			물	**나무**	**불**	**쇠**	**흙**
			흑색	청색	홍색	백색	황색
		땅	북	동	남	서	중
			겨울	봄	여름	가을	늦여름
			1*	2	3	4	5

표 4 음양오행 속의 한글 글자 (* 숫자는 위수는 아니고 보통 순서를 가리킨다.)

⑵ 한글 글자의 개수

글자의 개수는 28개이며 그 중 모음자(홀소리글자)는 11이며 자음자(닿소리글자)는 17이다.

14 —— 정음은 단지 28 글자뿐이다. (해례 14b.1)

15 —— [닿소리글자]는 모두 열일곱 자이다. (해례 1b.3)

16 —— [홀소리글자]는 모두 열한 자이다. (해례 4b.5)

⑶ 한글 글자의 순서

자음자의 순서

《태극도》에 표현되어 있듯이 음양의 상호 작용에 의하여 오행이 생긴다. 오행과 자음(자)의 불변화한 관계를 따라 기본 자음(자)인 〈ㅇ〉, 〈ㄱ〉, 〈ㄴ〉, 〈ㅅ〉, 〈ㅁ〉의 순서가 정해진다.

위 기본 자모(자)와 함께 음양과 천지의 영향 하에 나머지 자음(자)들도 오행에 의한 순서를 얻는다. 그의 최종적인 순서는 모음자의 순서와 같이 보아야 한 후에 정해진다.

17 —— 이는 첫소리(글자) 자체 내에 음양, 오행, 위수가 있음을 뜻한다. (해례 3a.7~8)

18 —— 사람의 말소리는 오행에 근본을 두고 있다. [...] 목구멍은 깊고 젖어 있다. 이는 (오행에서) 물과 일치한다. [...] 어금니는 단단하고 크다. 이는 나무와 같다. [...] 혀는 날카롭고 움직이니 불에 해당한다. [...] 앞니는 강하고 날카로우니 쇠에 해당한다. [...] 입술은 네모형을 만들어 함께 합쳐진다. 흙이다. [...] 목구멍은 [맨] 뒤에 있고 어금니가 그 다음에 온다. [...] 혀와 앞니가 그 다음이다. [...] 입술이 마지막에 온다. 흙은 일정한 자리가 없지만 [...] (해례 2a.4~3a.6)

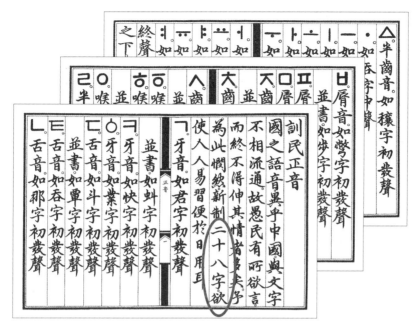

그림 11 《훈민정음》의 〈예의〉

표 5 음양오행에 의한 17 자음자의 순서.

모음자의 순서

자음(자)와 같이 모음(자)도 음양오행의 영향으로 정리된다.

19 —— 이 (홀소리 글자) 모양은 삼재三才의 이치를 갖춘 하늘·땅·사람에서 본을 취한 것이다. 그런데 삼재는 만물의 으뜸이 되고, 하늘은 또 삼재의 시초가 된다. 이에 따라 · ㅡ ㅣ 세 글자가 여덟(홀소리) 글자의 우두머리가 되고, ·가 또 세 글자의 으뜸이 된다. (해례 6a.8~6b.4)

20 —— ㅗ 는 하늘에서 생긴다. 하늘의 수로는 1이고 물이 생겨나는 자리다. ㅏ 는 그 다음이니 하늘의 수로는 3이고 나무가 생겨나는 자리다. ㅜ는 처음으로 땅에서 생겨나니 땅의 수로는 2이고 불이 생겨나는 자리다. ㅓ가 그 다음에 오니 땅의 수로는 4이고 쇠가 생겨나는 자리다. ㅛ는 다시 하늘에서 생긴다. 하늘의 수로는 7이고 불이 생겨나는 자리다. ㅑ가 그 다음이니 하늘의 수로는 9이고 쇠가 생겨나는 자리다. ㅠ는 다시 땅에서 생겨나니 땅의 수로는 6이고 물을 만들어 내는 자리다. ㅕ가 그 다음이니 땅의 수로는 8이고 나무를 만들어 내는 자리다. 물(ㅗ ㅠ)과 불(ㅜ ㅛ)은 [...] 닫힌다. 나무(ㅏ ㅕ)와 쇠(ㅓ ㅑ)는 [...] 열린다. ·는 하늘의 수로는 5이고 흙이 생겨나는 자리다. ㅡ는 땅의 수로는 10이고 흙을 만들어 내는 자리다. ㅣ만 자리도 수도 없다. 이는 사람에 무극이 현실이며, 음양과 오행이 묘하게 얽힌다 [...]. (해례 6b.4~7a.7)

21 —— 마찬가지로 가운데소리(글자)도 음양, 오행, 위수를 가지고 있다. (해례 7a.8~7b.1)

22 —— 또 세 소리(첫, 가운데, 끝소리)의 이치를 헤아려 보면,
단단함과 부드러움, 그리고 음과 양이 절로 있다.
가운데소리는 하늘의 작용으로서 음과 양으로 나뉘고,
첫소리는 땅의 영향으로 단단함과 부드러움을 나타낸다. (해례 13a.5~8)

그림 13에는 사람을 상징하는 〈ㅣ〉만 없다. 그 이유는 사람만 음과 양을 동시에 지니고 있어서 이 그림에 기재되지 못한다.

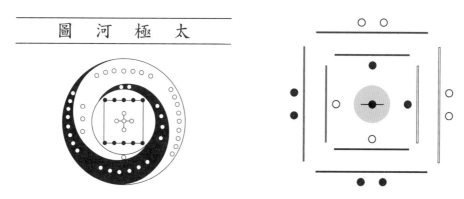

(좌)그림 12 〈태극하도〉

(우)그림 13 《훈민정음》에 맞춘 하도 ○ 양에 속한 글자, ● 음에 속한 글자

오행은 흑색 : 수, 초록색 : 목, 적색 : 화, 백색 : 금, 황색 : 토

위 그림 13에 의한 10개의 모음자의 순서는 다음과 같다.

1	2	3	4	5
↕	↕	↕	↕	↕
水	木	火	金	土
↕	↕	↕	↕	↕
ㅗ	ㅏ	ㅜ	ㅓ	·

6	7	8	9	10
↕	↕	↕	↕	↕
火	金	水	木	土
↕	↕	↕	↕	↕
ㅛ	ㅑ	ㅠ	ㅕ	ㅡ

표 6 10 모음자의 순서

인용문 '19', '20'과 '23'을 고려하면 삼재를 대표하는 〈· ㅡ ㅣ〉가 맨 앞으로 두면서 11 개의 모음자의 순서는 다음과 같다.

전체 글자의 순서

23 —— 그런데 삼재는 만물의 으뜸이 되고, 하늘은 또 삼재의 시초가 된다. 이에 따라

· ㅡ ㅣ 세 글자가 여덟(홀소리) 글자의 우두머리가 되고, · 가 또 세 글자의 으뜸이 된다.

(해례 6b.1~4)

24 —— 가운데소리를 낼 때, 첫소리가 따름은

하늘이 땅보다 앞섬이고, 이는 자연의 이치이다. (해례 13b.1~2)

'22~24' 인용문을 보면 모음자가 자음자보다 앞서 가야 한다.

전체 글자의 순서는 다음과 같다.

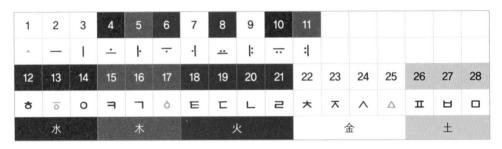

표 7 한글 28 글자의 순서

4.3.3 제 3 단계: 한글 글자를 조합함 : 메타 차원 (II)

(1) 음절의 기본 구조

《훈민정음》이 서양보다 몇백 년 전에 음절(음절-초, -핵, -말)에 대한 정확한 개념을 가지면서 글자를 조합하는 법을 설명했다. 합치는 것은 대자연의 일이 아니고 사람의 일이다. 물론 《태극도》에 보이듯이 사람도 대자연에 속한 존재이므로 대자연의 원리를 벗어날 수 없다.

25 ──── 모든 글자는 서로 결합되어 있어야 그 소리(음절 다발)를 완성한다. (예의 4a.3~4)

26 ──── 첫, 가운데, 끝 세 소리(글자)가 합쳐져 하나의 (완전한) 음절(다발)을 이룬다. (해례 20b.3)

27 ──── 가운데소리는 첫소리가 생겨나는 것에 이어 끝소리가 완성되도록 하니 사람의 일이다. 한 음절의 핵심은 가운데소리에 있는 바, 첫소리와 끝소리는 가운데 소리와 결합하여 음을 완성한다. 이는 천지가 만물을 생성하는 것과 비교할 수 있다. 그러나 이렇게 만들어진 만물의 가치를 완전히 알려면 사람이 비로소 이 만물을 돌보고 힘써야만 한다. (해례 8b.2~6)

$$C - V\ (-C)$$

표 8 한국어 기본 음절 구조 (C = consonant 자음/닿소리 , V = vocal 모음/홀소리)

(2) 다발로 조합된 한글 글자

한글의 특징중 하나는 글자를 모아쓴다는 것이다. 다르게 표현하면 한 선으로 나열되는 로마 글자와 달리 한글 글자는 한 음절과 일치한 다발로 합쳐진다. 간단하게 한글 다발이라고 한다. (물론 합쳐진 이 한글 다발은 음절자는 아니고, 모든 음(소리)-문자-쌍 관계가 유지되기 때문이다.)

다발의 초성자인 자모자의 위치가 다를 수 있다. 즉 중성자인 모음자의 모양 따라 모음자의 왼쪽이나 위쪽에 자리를 잡는다. 그리고 자음자가 종성자이면 초와 중성자 아래에 위치한다.

28 ── · ─ ㅗ ㅜ ㅛ ㅠ 는 첫소리(글자) 아래에 쓰고, ㅣ ㅏ ㅓ ㅑ ㅕ 는 첫소리(글자) 오른 편에 쓴다. (예의 4a.1~3)

29 ── 첫소리(글자)는 가운데 소리(글자)의 위 편 또는 왼 편에 위치한다. (해례 20b.3~4)

30 ── 끝소리(글자)는 첫소리와 가운데소리(글자) 아래에 위치한다. (해례 21a.2)

표 9 한글 다발의 이차원적인 구조

《훈민정음》에 의하면 한 다발이 최고로 9글자를 포함시킬 수 있다. 초성자는 3개, 중성자는 3개, 그리고 종성자는 또 3개이다.

자음자가 17개이며 모음자가 11개이므로 한글로 쓸 수 있는 다발의 총수를 계산할 수 있다.

ⓘ 더 알아보기

성리학에도 아홉 방으로 된 집은 명당明堂이라고 불렸다. 이 명당은 우주를 상징한다. 경복궁에서 왕들의 침전인 강녕전에도 방이 아홉 개가 있다.

---

31 —— 두세 개의 첫소리(글자)를 함께 쓰려면 나란히 표기한다. (해례 21a.3~4)

32 —— 가운데소리(글자)는 두세 개가 함께 쓰인다. (해례 21a.8~21b.1)

33 —— 끝소리(글자)는 두세 개가 함께 쓰인다. (해례 21b.2)

34 —— 합용병서는 왼쪽에서 오른쪽으로 나란히 쓰며, 이는 첫, 가운데, 끝소리(글자)가 마찬가지이다. (해례 21b.4~5)

35 —— 여러 개의 첫소리, 끝소리(글자)를 동시에 쓰려면 나란히 표기한다. 가운데 소리(글자)도 왼쪽에서부터 나란히 덧붙여 쓴다. (해례 23b.3~4)

36 —— 스물여덟 글자를 사용하여 무한정 조합이 가능하다. 스물여덟 글자로 조합하는 것은 단순하고 요긴하며 분명하고 포괄적이다. (서문 28a.1~2)

초	초	초
중	중	중
종	종	종

표 10 한 한글 다발에 최고로 쓸 수 있는 글자

초 = 초성자 = 첫소리 글자 = C, 중 = 중성자 = 가운데소리 글자 = V, 종 = 종성자 = 끝소리 글자 = C

$$(1+17+17^2+17^3) \times (11+11^2+11^3) \times (1+17+17^2+17^3)$$
$$= 5220 \times 1463 \times 5220$$
$$= 39,864,409,200$$

표 11 《훈민정음》에 의한 한글 다발의 총수. 이 숫자에 〈ㅁ ㅸ ㅃ ㆄ〉와 같은 글자들이 아직 포함되어 있지 않다.

--- ◑더 알아보기 ---

400억이 되는 한글 다발 숫자는 위대한 숫자이다. 만약에 한 사람이 하루에 100개의 다발을 계속 쓰겠다는 것을 상상하면 약 400억의 한글 다발을 다 쓸 때까지 몇년이 걸릴 것인가? 1년, 즉 365일 내내 쓰면 36,500 다발을 쓰게 되는데 400억 다발은 1,092,175년 이상 걸릴 것이다 (39,864,409,200 : 36,500 = 1,092,175.59)!

정인지 선생이 서문에 쓴 말이 정말 맞는다 : "이 (문자는) 어디서나 아무 문제 없이 사용할 수 있다. 바람소리나, 두루미 울음 소리, 수탉의 홰치는 소리, 개 짖는 소리 등과 같은 모든 소리를 이 문자로 전혀 무리 없이 표현해 낼 수 있는 것이다." (서문 32a.6~8)

(4) 소형 우주로서의 한글 다발

음양오행의 우주론은 각 글자를 비롯하여, 글자의 체계, 한글 다발의 구조 및 다발의 상징성에까지 《훈민정음》의 메타 차원으로서 반영된다 ('표 4 음양오행 속의 한글 글자' 참조).

37 ── 끝소리(글자)에는 첫소리(글자)를 다시 쓴다. (예의 3b.6)

38 ── 첫소리와 가운데소리, 끝소리(글자)를 합하여 이루어지는 음절(다발)에 대해 말하면, 이는 움직임과 멈춤은 서로 근본이 되고 음과 양이 서로 바뀜을 뜻한다. 움직임은 하늘이요 멈춤은 땅이니 움직임과 멈춤 두 가지를 겸한 것은 사람이다. [...] 첫소리(글자)는 움직이는 역할을 하니 하늘의 일이고, 끝소리(글자)는 이 움직임을 멈추게 하니 땅의 일이다. 가운데소리(글자)는 첫소리(글자)가 생겨나는 것에 이어 끝소리(글자)가 완성되도록 하니 사람의 일이다. 한 음절(다발)의 핵심은 가운데소리(글자)에 있는 바, 첫소리와 끝소리(글자)는 가운데소리(글자)와 결합하여 음(절 다발)을 완성한다. 이는 천지가 만물을 생성하는 것과 비교할 수 있다. 그러나 이렇게 만들어진 만물의 가치를 완전히 알려면 사람이 비로소 이 만물을 돌보고 힘써야만 한다. (해례 8a.3~8b.6)

39 ── 끝소리(글자)에 첫소리(글자)를 다시 사용하는 것은 [후자가] 움직여서 양, 즉 건이 되는 것에 있고 또한 [전자가] 멈추어서 음, 즉 건이 되는 것에 있다. 건에는 실제로는 음과 양이 똑 같은 비중으로 되어 있고 편재하다. 시작의 힘은 끝도 없이 돌고 돈다. 사계절의 변화는 하나의 원과 같다. 마지막 계절이 그래서 첫 계절이 된다. 겨울은 봄에 항복해야 한다. 이는 또한 첫소리(글자)가 끝소리(글자)가 되며 끝소리(글자)가 첫소리(글자)가 되는 것과 같음을 뜻한다. (해례 8b.6~9a.4)

표 12 9 칸으로 나누어진 한글 다발

"시작의 힘은 끝도 없이 돌고 돈다."

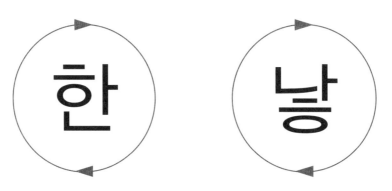

첫 〉 가운데 〉 끝 / 첫 소리 글자 〉 ...

그림 14 음양의 순환을 반복하는 한글 다발

음양오행 우주론을 반영하는 한글의 메타 차원은 한글 문자 체계에 원리(공리)를 주는 것이다. 이 메타 차원을 멀리 하면 특히 IT 분야에도 한글 문자^{script}를 취급하는 데 문제가 생기기 마련이다.

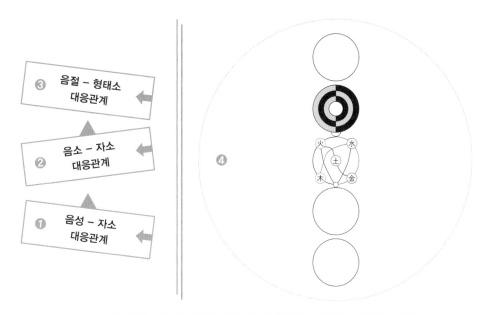

그림 15 메타 차원과 멀어진 한글의 현황. ④ 메타 차원 = 음양오행 우주론 = 태극도

5. 한글과 컴퓨터의 만남 (I) : 한글을 컴퓨터로 처리함

한글을 컴퓨터에 쓸 때 《훈민정음》의 원리를 응용하기 전에 어떤 문제가 있는지를 잠시만 살펴본다.

5.1 겉으로 보이는 문제

예 1) 즐기다의 과거형에 〈ㄱ〉 + 〈ㅕ〉 + 〈ㅆ〉 입력하기 가능하다.

사귀다의 경우에는 〈ㄱ〉 + 〈ㅜ〉 + 〈ㅣ〉 + 〈ㅓ〉 + 〈ㅆ〉 입력하기만 가능하다. 손으로는 〈ㅜ〉 + 〈ㅕ〉를 쓸 수 있다.

예 2) 현재 한국 사투리에도 들리는 〈ㅣ + ㅡ〉, 〈ㅡ + ㅏ〉 등과 같은 이중모음은 한 음절에 입력할 수 없다. 또한 옛 글자(ㅿ, ㆍ)도 쓰지 못한다.

단: 경우에 따라 완성된 '특수문자'로 코드표에서 불러 입력하기는 가능하다. 언급된 세 단어는 다음과 같다: 영감, 가ᅀᅡ, 미안하ᄃᆞ. ('8. 한글 글자의 내부 처리 : 부호화 (II)' 참조).

예 3) 받침으로 쓰는 겹자음자의 임의적인 조합은 불가능하다.

예 4) 특히 외국어를 표기할 때 초성자로 쓰는 겹자음자의 조합도 임의적으로 불가능하며 원래 한 단위로 된 음절을 불리면서 두, 세 음절로 해체하여 입력해야 한다.

예 5) 〈밥〉대신 〈법〉을 잘못 입력했을 때 〈ㅓ〉만 〈ㅏ〉로 바꿀 수 없고 〈법〉 전체를 지우고 새로 〈밥〉을 입력해야 한다 ('8.1 겉으로 보이지 않은 문제' 참조).

아울러 손으로 쓸 때에 글자 하나씩 다른 색상으로 표시할 수도 있지만 컴퓨터에서는 불가능하다.

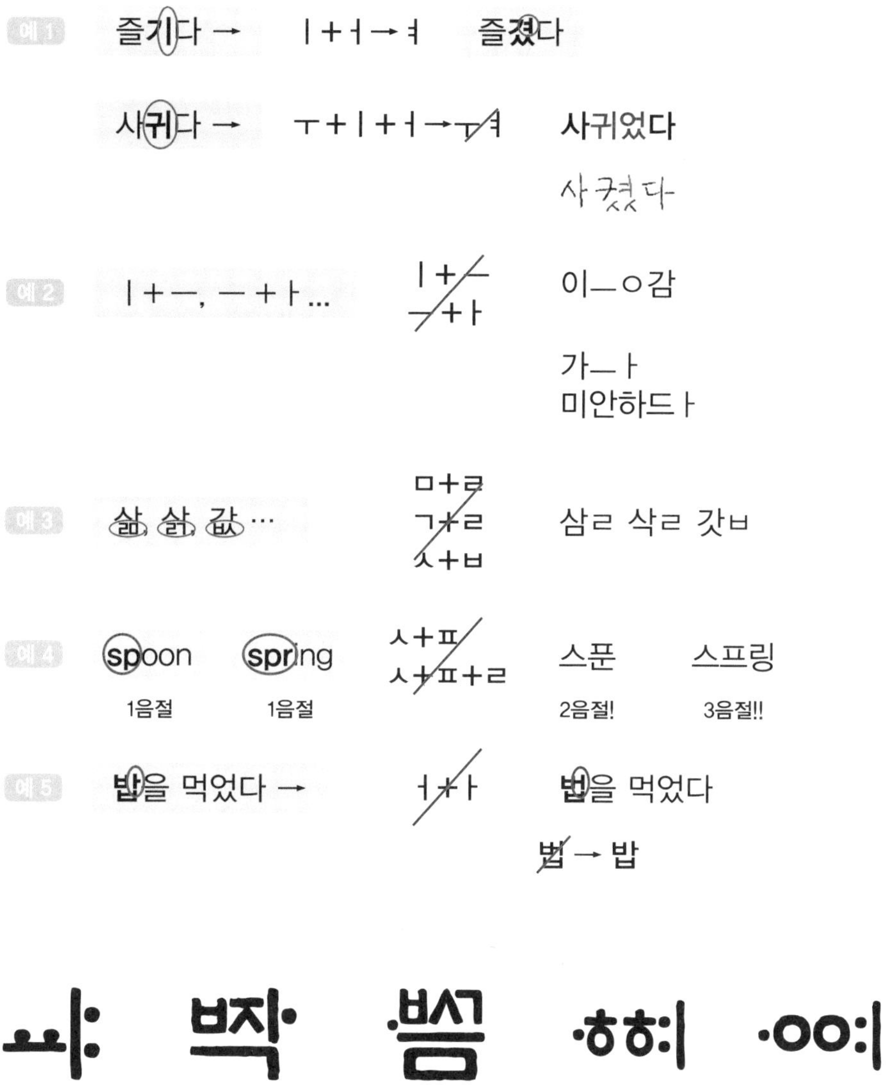

예 1 즐기다 → ㅣ+ㅓ→ㅕ 즐겼다

사귀다 → ㅜ+ㅣ+ㅓ→ㅟㅕ 사귀었다

사궜다

예 2 ㅣ+ㅡ, ㅡ+ㅏ... ㅣ+ㅡ／ㅡ+ㅏ 이ㅡㅇ감

가ㅡㅏ
미안하드ㅏ

예 3 삶, 삵, 값... ㅁ+ㄹ／ㄱ+ㄹ／ㅅ+ㅂ 삼ㄹ 삭ㄹ 갓ㅂ

예 4 spoon spring ㅅ+ㅍ／ㅅ+ㅍ+ㄹ 스푼 스프링

1음절 1음절 2음절! 3음절!!

예 5 밥을 먹었다 → ㅓ+ㅏ 밥을 먹었다

법→밥

ㅛ： ㅂㄱ· ·ㅃ끔 ·ㅎㅎ： ·ㅇㅇ：

그림 16 한글 글자를 제한 없이 조합할 수 있다는 《훈민정음》의 예문 (해례 16a.7, 21a 5, 5, 6, 7)

글자를 손으로 쓸 때와 컴퓨터로 쓸 때의 기본적인 차이는 전자는 아날로그 방식이며 후자는 디지털 방식이다.

손으로 쓰거나 눈으로 읽을 때에 글자들이 아날로그 방식으로 되어 있는데 컴퓨터는 디지털 방식으로 작동하므로 모든 글자를 먼저 부호화(코딩), 즉 이진법 0과 1로 바꿔야 한다.

아날로그 글자를 이진법으로 바꿀 때에는 원래 자모 체계의 글자의 개수, 즉 소리와 문자로 이루어진 쌍의 개수와 그들의 순서가 중요하고 확정되어 있어야 한다 ('4.3.2. 제 2단계: 한글 글자의 체계 : 메타 차원 (I) (2), (3)' 참조). 왜냐하면 부호화할 때에 위의 음(소리)-문자의 쌍은 0과 1로 된 연속으로 확대하게 되기 때문이다. 다르게 말하면 입력부터 내부 처리를 통해서 출력까지 전체의 다타 처리 과정에서 0/1 연속만 해당하는 쌍을 대표한다.

그래서 내부 처리 과정 중에 이 부호체제, 부호화된 글자의 개수와 순서 등을 바꾸면 과정이 복잡해지거나 잘못도 쉽게 생기는 것은 당연한 일이다.

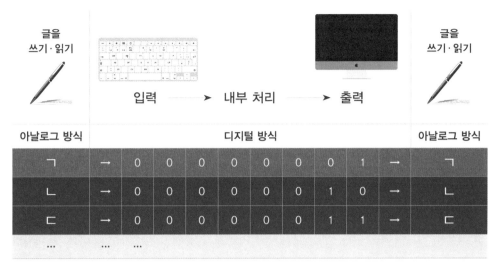

| 글을
쓰기·읽기 | 입력 | 내부 처리 | 출력 | 글을
쓰기·읽기 |

아날로그 방식	디지털 방식										아날로그 방식
ㄱ	→	0	0	0	0	0	0	0	1	→	ㄱ
ㄴ	→	0	0	0	0	0	0	1	0	→	ㄴ
ㄷ	→	0	0	0	0	0	0	1	1	→	ㄷ
...	...	...									

그림 17 아날로그 방식과 디지털 방식

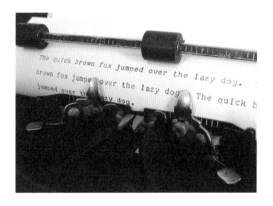

그림 18 타자기 자판

타자기와 컴퓨터가 각각 자판이 있지만 타자기는 아날로그 방식으로 글자를 종이에 찍는다. 컴퓨터는 자판 위에 보이는 글자만 아날로그 식으로 되어 있지만 글자 키를 누를 때부터 디지털 방식, 즉 이진법적인 신호로 처리된다.

6. 한글맞춤법 : 현재 한글 글자의 개수와 순서

현재 한글맞춤법에 의한 글자의 질서 alphabetic order, 즉 개수와 순서는 다음과 같다.

제2장 자모, 제4항 (한글 자모의 수, 순서와 이름)에는 자모 개수는 소위 옛 글자 〈ㆍㆆㆁㅿ〉를 제외하고 24개이며 순서는 표 13과 같다.

이 기본 자모 질서는 1933년에 나온《한글맞춤법통일안》, 그리고 1527년에 나온《훈몽자회》를 따르면서 전통이 깊다.

현행 맞춤법은 기본 자모 질서를 표14에 보이는 바와 같이 같은 4항의 부침 1, 부침 2 및 해설에 의하여 변경했다. 여러 모음자나 자음자가 합쳐지면서 개수가 67로 확대되었다. 67개의 자모 순서의 특징으로 3 단위로 나눈다.

(1) 초성자 19 자음자,

(2) 중성자 21 모음자,

(3) 종성자 27 (받침) 자음자.

한글 맞춤법의 실제 한글 질서는《훈민정음》의 음양오행에 기반하는 원리를 아예 모르는 것과 같다. 음양오행을 따르는 질서와 현저하게 다르기 때문이다. 세 가지의 차이점이 드러난다.

1) 끝소리 글자(종성자)로 다시 첫소리 글자(초성자)를 쓴다는《훈민정음》의 원칙을 따르지 않으면서 종성자(받침)로만 쓰는 글자까지 따로 정한 점,

2) 두 개의 모음자나 자음자를 합쳐서 새로 이중모음자나 이중자음자를 정한 점.

3) 자음자나 모음자를 3개씩 자유롭게 조합할 수 있다는 것을 외면하고, 즉 한국 표준어에 존재하는 결합에만 제한된 점.

○더 알아보기

한글맞춤법에 의하여 쓸 수 있는 음절 다발의 개수가 대폭 줄어졌다. 11,172개 밖에 쓸 수 없다는 것이다. 위에 언급한 것으로 보이는 문제점 예 1 ~ 4의 문제들의 근원은 바로 이 한글맞춤법에 있다.

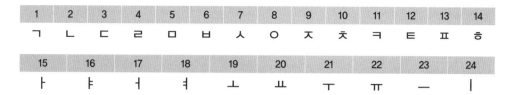

1	2	3	4	5	6	7	8	9	10	11	12	13	14
ㄱ	ㄴ	ㄷ	ㄹ	ㅁ	ㅂ	ㅅ	ㅇ	ㅈ	ㅊ	ㅋ	ㅌ	ㅍ	ㅎ

15	16	17	18	19	20	21	22	23	24
ㅏ	ㅑ	ㅓ	ㅕ	ㅗ	ㅛ	ㅜ	ㅠ	ㅡ	ㅣ

표 13 한국의 한글 기본 글자 개수와 순서 (북한과 같음, 1933년의 한글맞춤법통일안 기준)

1	2	3	4	5	6	7	8	9	10	11	12	13	14	15	16	17	18	19
ㄱ	ㄲ	ㄴ	ㄷ	ㄸ	ㄹ	ㅁ	ㅂ	ㅃ	ㅅ	ㅆ	ㅇ	ㅈ	ㅉ	ㅊ	ㅋ	ㅌ	ㅍ	ㅎ

20	21	22	23	24	25	26	27	28	29	30	31	32	33	34	35	36	37	38	39	40
ㅏ	ㅐ	ㅑ	ㅒ	ㅓ	ㅔ	ㅕ	ㅖ	ㅗ	ㅘ	ㅙ	ㅚ	ㅛ	ㅜ	ㅝ	ㅞ	ㅟ	ㅠ	ㅡ	ㅢ	ㅣ

41	42	43	44	45	46	47	48	49	50	51	52	53	54	55	56	57	58	59	60	61	62	63	64	65	66	67
ㄱ	ㄲ	ㄳ	ㄴ	ㄵ	ㄶ	ㄷ	ㄹ	ㄺ	ㄻ	ㄼ	ㄽ	ㄾ	ㄿ	ㅀ	ㅁ	ㅂ	ㅄ	ㅅ	ㅆ	ㅇ	ㅈ	ㅊ	ㅋ	ㅌ	ㅍ	ㅎ

표 14 실제 한글 자모 (?) 질서 (남한)

총 67 개의 자모 (1~19 초성자 19 개의 자음자, 20~40 중성자 21 개의 모음자, 41~67 종성자 (받침))를 위와 같은 순서로 정리한다.

$$39,864,409,200$$
$$\downarrow$$
$$19 \times 21 \times (1+27) = 11,172$$

표 15 한글맞춤법이 허락하는 음절 다발의 개수

- 손으로 쓸 경우 : 한글맞춤법이 새로운 문자(이중모음자나 이중자음자)를 만든 것으로 앞 한글의 공리에 어긋난다는 것이다 (4.3 참조).

  또한 표준어에 필요한 범위에 제한해서 11,172 음절 다발만 쓸 수 있다는 것도 제3 한글의 공리에 어긋나는 것이다. 사람이 한글을 임의적으로 조합할 수 없는 결과이다. 하지만 어떤 사람이 예를 들면 사투리로 자기 마음을 표현하고 싶어서 일부러 한글맞춤법을 따르지 않고 손으로 쓰는 경우에 거의 제한 없이 일단 다 쓸 수 있다. 제3한글 공리의 원리가 손상되지 않는다.

- 컴퓨터로 쓸 경우 : 컴퓨터에 한글맞춤법이 이대로 적용되므로 위 한글의 공리가 전반적으로 어긋나게 되면서 특히 제 3 한글의 공리인 표현의 자유가 원칙적으로 없어졌다. 새로 만들어진 문자^{character}가 부호화되면서 정확한 문자^{character}로 취급되는데 표 17의 예가 보여 주듯이 음(소리)과 문자^{character}가 형성하는 쌍의 정확성이 없어진다. 음(소리)과 문자의 관계가 여러 경우에 혼돈된 상태이다.

  5.1의 예 1~4에 언급된 문제들의 근원은 바로 한글맞춤법에 의한 글자의 질서를 부호화시킨 점에 찾을 수 있다. 예 5의 문제도 이 현상과 관련된 것이다 (5.1 참조).

─ ◑더 알아보기 ─

실제로 있을 수 있는 예문: 어떤 소설가가 탐정 소설을 쓰는데 범인이 영악해서 잡히지 않는다. 단 철자법을 혼돈하는 약점을 가진 범인이 예를 들어 〈값〉이라는 단어에 〈ㅂ〉 하고 〈ㅅ〉의 순서를 늘 바꾸는 약점 때문에 결국 잡히게 된다. 소설가는 손으로는 이 맞춤법에 틀린 단어를 쓸 수 있지만 컴퓨터에는 입력하지 못한다. 〈ㅅ+ㅂ〉의 조합이 한글맞춤법에 의해 불가능하기 때문이다.

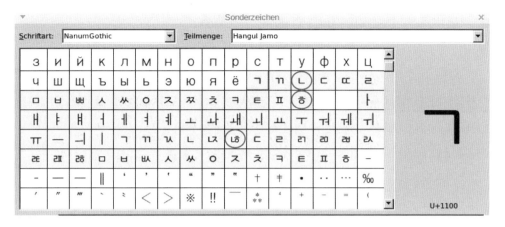

표 16 67개 'Jamo'에 대한 코드표

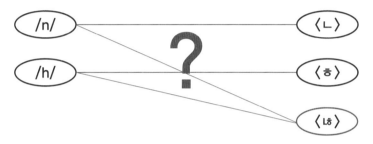

표 17 자모문자의 원리를 해치는 현상 : 음(소리)과 문자character의 쌍에 대한 질서를 혼돈시킴.
정확한 음(소리)–문자의 쌍이 아니라서 〈ㄶ〉를 글자로 말하기 어렵다 ('4.1 문자의 운용 방식' 참조).

7. 한글과 컴퓨터의 만남 (Ⅱ) : 한글 글자의 입력

7.1 현재 자판

지금까지 글자의 개수와 순서, 즉 질서를 입력하기 위한 기초 조건을 살펴봤다. 글자를 입력하는 자판을 통해서 시작하는 전산 과정을 보기로 한다.

자판에서 중요한 점은 몇 개의 글자가 어떤 배정으로 자판에 나누어져 있다는 것이다.

현재 한글 자판 중에 제일 알려진 것은 소위 두벌식 그리고 세벌식 자판이다.

그림 19와 20에 글자의 개수와 배정의 차이를 쉽게 알 수 있다.

두 자판의 원리를 짧게 설명한다면 다음과 같다.

- 제일 많이 보급된 두벌식 자판은 왼손으로 자음자(붉은 색), 오른손으로 모음자(푸른 색)를 입력한다.
- 세벌식 자판은 초성자(붉은 색), 중성자(푸른 색)와 종성자(초록색)로 나누어져 있으며 오른손은 초성자와 중성자, 왼손은 중성자와 종성자를 입력한다.

두 자판에 대한 평가

이 평가는 자판 위의 글자 개수와 배정이 어느 정도 《훈민정음》의 음양오행과 일치한지를 본다. 결과를 앞당기자면 두 자판은 《훈민정음》의 음양오행 원리와 아무런 관계가 없다는 것으로 보인다.

- 두벌식 자판 : 옛 글자를 제외한 33 글자는 원래의 28 글자를 넘는다. 자음자와 모음자를 각각 왼손과 오른손만 배열시키는 것은 음과 양으로 나누는 것과 같다. 그러나 《훈민정음》의 인용문 '2', '11', '17'과 '21'에 의하면 모든 글자가 똑같이 음과 양, 그리고 오행을 지니고 있기에 이런 식으로 나누면 맞지 않는다.
- 세벌식 자판 : 옛 글자를 제외한 58 글자의 숫자가 원래의 28 글자를 훨씬 넘는다. 《훈민정음》의 인용문 '37'에 의하면 끝소리 글자로 다시 첫소리 글자를 쓴다는 말이 있는데 끝소리 글자를 따로 만드는 것은 《훈민정음》에 어긋나는 것이다.

그러면 음양오행을 따라 28글자를 어떻게 배정해야 하는가?

그림 19 **두벌식 자판 : 26 키에 33 글자 (남한)**

그림 20 **세벌식 자판 : 39 키에 58 글자 (남한)**

복합적인 이 과제를 해결하는 데에 첫 단계에 수학의 추이적 관계transitive relation를 적용한다.

이 수학적인 논리는 $a = b \wedge b = c \Rightarrow a = c$ 라고 하는데 오행과 한글 글자를 연결해서 다음 사실을 의미한다. 한글 글자(a)가 오행(b)과 연관성이 있으며 또한 오행이 손가락과 연관성이 있다면 한글 글자가 손가락(c)과도 연관성이 있다.

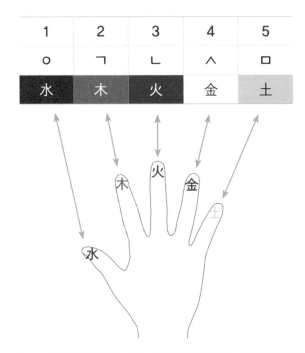

그림 21 음양오행(대자연)이 주는 한글 글자의 질서와 손가락과의 관계

《태극도》가 그 다음 단계의 정보를 준다.

제2 환을 표시하는 음양에 의하여 왼쪽은 양이며 오른쪽은 음이다. 음양의 환을 펴 보면 그림 22와 같다. 오른손과 왼손이 글자를 입력하는 자판의 기본형이 나타난다.

위와 아래 표에 음과 양을 나타내는 면적은 음과 양의 강도를 표시한다. 예를 들면 위줄 왼쪽 양의 강도가 제일 크고 (태양), 아래 줄 오른쪽 음의 강도가 제일 크다 (태음). 각 글자가 음양, 오행, 위수에 관한 순서와 관련된 독특한 성질이 있으므로 자판에 특정한 자리를 얻게 된다.

그림 22 《태극도》의 음양에서 유래된 자판 기본형 (흑색/적색 화살표는 음/양이 강해지는 것을 나타냄)

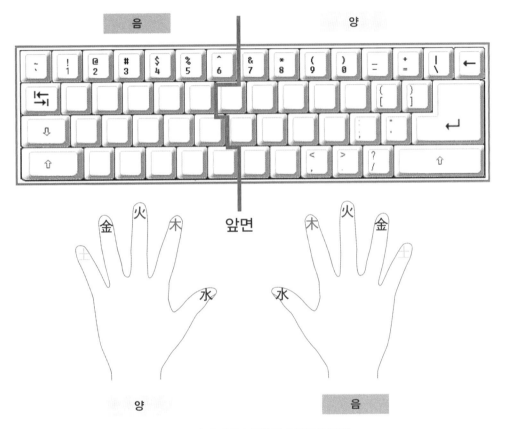

그림 23 손과 자판의 음양 관계 (객관의 입장)

— ◐더 알아보기 —

사람처럼 물건도 양과 음이 있다. 양인 쪽은 태양을 바라보는 쪽이다. 따라서 사람의 앞과 왼쪽
은 양이며 오른쪽과 뒷쪽은 음이다. 두 사람이 마주보고 악수할 때처럼 사람과 자판도 마주볼
때 오른손은 자판의 왼쪽, 즉 양인 쪽에 글자를 입력한다.

글자를 배정하는 기준은 다음과 같다.

1) 모음자	2) 자음자
– 음/양 → 오른손/왼손	– 음/양 → 오른손/왼손
– 오행 → 손가락	– 오행 → 손가락
– 열림 (벽闢)/닫힘 (합闔) → 자판열 음과 양의 강도 → 자판열	

표 18 **글자의 배정 기준**

음양과 오행 두 기준만 응용해도 표 19와 같은 결과가 생긴다. 모음자에 제3 기준 (벽/함)까지 응용할 때 표 20과 같다. 예를 들면

- 〈ㅏ〉는 양 → 왼쪽 손, 목木 → 집게손가락, 열린 본질 → 아래 줄에 자리를 잡게 되다.
- 〈ㅋ〉은 양 → 왼쪽 손, 목木 → 집게손가락 → 아래 줄에 이미 〈ㅏ〉가 있기에 위 줄에 자리를 잡게 되다.

27 (!) 글자를 배정한 결과는 표 20에 볼 수 있다.

이 이상적인 자판에는 음과 양이 동시 존재하는 〈ㅣ〉에만 자리가 생기지 않는다. 또 다른 문제는 이 이상적인 자판을 현존하는 자판으로 옮겨 사용하고자 할 때 엄지손가락을 사용하지 못한다. 엄지손가락 대신 집게손가락을 사용해도 육체적으로 큰 무리가 되지 않으리라고 믿지만 완전한 음양오행자판으로 볼 수 없다. 이 두 문제를 해결하기 위해 새로이 '음양자판®Ⅲ'이 도안됐다 (그림 24 참조).

'음양자판'을 보고《훈민정음》의 음양오행을 따르는 한글의 우수성과 독창성이 다시 확인된다. 소리부터, 소리를 발음하는 기관의 모습을 문자character의 모습으로 주는 법, 글자의 전체 체계, 글자와 손가락의 정확한 관계까지 한글의 과학성을 증명한다.

	음					양					
	새	약	가	집	엄	엄	집	가	약	새	
	·	ᅣ	ᅭ	ᅡ	ᅩ	ᅲ	ᅨ	ᅮ	ᅥ	ㅡ	
	ㅍ	ㅊ	ㅋ	ㅌ	ㅎ	ㆆㅇ	ㆁㄱ	ㄴ	ㅿㅅ	ㅁ	
				ㄹ				ㄷ	ㅈ	ㅂ	
	土	金	火	木	水	水	木	火	金	土	

표 19 음양자판®I (객관의 입장: 오른손 중심)
엄 = 엄지손가락, 집 = 집게손가락, 가 = 가운데손가락, 약 = 약손가락, 새 = 새끼손가락

		음					양					
		새	약	가	집	엄	엄	집	가	약	새	
벽			ᅥ	ㄹ	ᅨ		ᅩ	ㅋ	ᅭ	ㅊ	·	합
		ㅁ	ㅅ	ㄴ	ㆁ	ㅇ	ㆆ	ㄱ	ㄷ	ㅈ	ㅂ	
합		ㅡ	ㅿ	ᅮ		ᅲ	ㆅ	ㅏ	ㅌ	ㅑ	ㅍ	벽
		土	金	火	木	水	水	木	火	金	土	

표 20 음양자판®II (객관의 입장: 오른손 중심)
엄 = 엄지손가락, 집 = 집게손가락, 가 = 가운데손가락, 약 = 약손가락, 새 = 새끼손가락, 벽 = 열림, 합 = 닫힘.

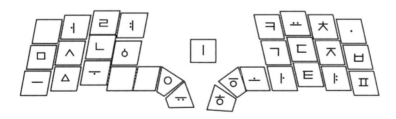

그림 24 음양자판®III (오른손 중심)

8. 컴퓨터 내부에서의 한글 글자 처리 : 부호화 (II)

8.1 겉으로 보이지 않는 문제

손으로 쓸 때는 글자를 하나씩 조합해서, 즉 모아쓰면 다발이 생긴다. 자판으로도 글자를 하나씩 입력하는데 화면에 보이는 것도 조합된 다발인 줄 안다. 그러나 실상은 다발이 아니다. 다발처럼 보일 뿐이라서 앞으로 '가假음절 다발'이라고 한다. '겉으로 보이는 문제'의 예 5가 그 현상을 나타낸다 (5.1 참조).

쉽게 이해하기 위하여 우선 로마자를 처리하는 과정을 살펴보면서 한글 글자를 처리하는 과정과 비교한다 (그림 25 참조). 예를 들면 〈book〉과 〈책〉을 입력하면 이런 결과를 볼 수 있다.

- 로마자 : 〈b+o+o+k〉 4글자(단위)를 입력한 후 1 단어가 생기면서 4 글자가 그대로 유지된다.
- 한글 : 〈ㅊ+ㅐ+ㄱ〉 3 (《훈민정음》에 의하여 원래 4) 글자(단위)를 입력한 후 3 글자가 없어지면서 새로운 단위로서 1 단어가 생긴다.

써 놓은 〈book〉이라는 단어에 커서로 다시 들어가서 예를 들어 〈baek〉으로 쉽게 고칠 수 있다. 한글의 경우에 〈책〉을 쉽게 〈척〉으로 고칠 수 없다. 그 이유는 무엇인가?

그림 26에 보이는 한글 글자들이 입력·처리·화면 출력으로 되는 과정의 단계들은 실제로 더 복잡하다. 간단하게 설명하자면 이 과정은 다음과 같다.

〈ㅊ〉 글자가 입력된 후에 소위 코드표에 등록되어 있는지 확인 후 등록된 경우에 화면에 보내게 된다. 다음 글자인 〈ㅐ〉를 입력한 후에 〈ㅊ〉과 조합해서 〈채〉가 코드표에 수록되어 있으면 화면에 나타난다. 마지막 〈ㄱ〉은 〈채〉와 합쳐지며 과정 끝에 〈책〉으로 화면에 나타난다.

사람은 글자를 입력하는 속도가 컴퓨터 계산 속도보다 훨씬 느리기에 이 복잡한 과정을 파악할 수 없다. 〈ㅊ〉+〈ㅐ〉+〈ㄱ〉 글자들이 하나씩 입력되었지만 끝에 음절 다발을 모방하는 이미지만 보게 된다. 손으로 여러 글자를 모아쓴 다발이 아닌 한 덩어리와 같은 가假음절 다발뿐이다. 여기에 커서로 들어가서 한 글자만 바꿀 수 없다는 것은 불가피한 일이다 ('5.1 겉으로 보이는 문제 예문 5' 참조).

자판으로 〈book〉입력 → 처리 후 결과

4단위 4단위

자판으로 〈책〉입력 → 처리 후 결과

3단위 1단위

그림 25 로마자와 한글 글자 입력 과정의 차이점 (〈ㅐ〉는《훈민정음》에 의하면 원래 두 글자, 〈ㅏ〉+〈ㅣ〉이다.)

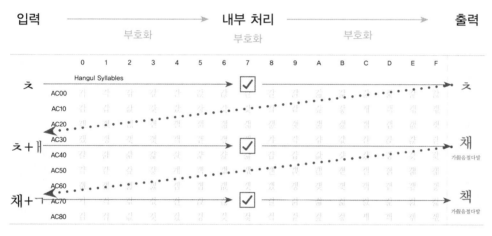

그림 26 한글의 내부 처리 과정

─ ◐더 알아보기 ─────────────────

이 복잡한 과정을 처리하는 데에 '한글 오토마타'라는 프로그램이 필요하다 .

각 한글 글자부터 가假음절 다발까지 컴퓨터에서는 다 부호화해야 한다. 기준은 한글 맞춤법이다. 이에 따라 67개의 자모와 11,172개의 가假음절 다발이 부호화 된 후에는 더 이상 쓰기가 원칙적으로 불가능하다.

한글 글자는 소리와 문자character를 정확한 관계로 표현하는 쌍을 가진 자모문자alphabetic script인데 컴퓨터에서는 원래의 정확한 쌍은 해쳐지면서 자모문자는 아니고 음절문자나 단어문자와 비슷한 인상을 준다. 코드표에 등재된 11,172개의 가假음절 다발의 양을 보면 저절로 중국 한자인 단어문자의 양과 비교하게 된다 (부록 1, 2 참조).

물론 한글 정보사史상으로 봐서는 11,172개의 가假음절 다발을 쓸 수 있다는 사실은 큰 성공이라고 할 수 있다. 하지만《훈민정음》의 음양오행에 기반하는 제3 한글의 공리에 따라 사람의 손으로 약 400억의 다발을 쓸 수 있다는 가능성은 현재에 와서 컴퓨터로도 실현해야 하게 되었다.

한글 글자를 이차원적으로 다발로 모아 쓰는 것은 한글의 가독성을 높여주는 한글의 또 하나의 특징이다. 한글 정보계에 이것은 문제의 근원이지만《훈민정음》에서 이 문제의 해결책을 찾을 수 있다.

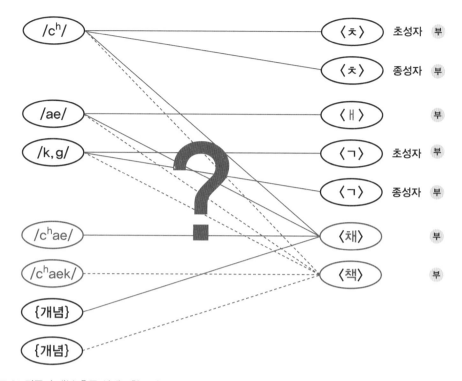

표 21 컴퓨터 내부 혼돈 상태 : 한글의 공리가 무시되므로 자모문자인 한글은 단어문자, 음절문자, 자모문자로
부호화되는지 부정확함 부 부호화되는 요소들

위 컴퓨터 내부의 혼돈 상태가 암시하듯이 한글을 부호화하는 방식이 혼돈 될 정도로 많다.

　그래서 약 400억의 음절 다발을 컴퓨터로 모아쓸 수 있는 목표를 이루기 위하여 부호화 체계가 간단해야 한다. 바로 음양오행이 주는 체계는 간단하면서도 포괄적이다. 즉 28 한글 글자는 음양오행의 우주론적인 망에서 일부분이다 (표 4 '음양오행 속의 한글 글자' 참조).

　확대한 '한글 ASCII-코드페이지'에서 한글 글자에 다음과 같은 부호화 자리를 지정할 수 있다. 28 글자만 부호화하기 때문에 자리가 많이 남는다. 남는 자리는 지금까지 쓰지 않은 목적으로 사용할 수 있다.

　예를 들면 로마자를 사용하는 언어들 보다 한글의 음(소리)과 문자character의 쌍 관계가 원칙적으로 매우 정확하기에 표 21에 보면 글자 앞에나 뒤에 비어 있는 2 비트(bit)로 해당하는 음(소리)과 연결 시켜 글자를 소리로 표현할 수 있다.

　음양오행 망(표 4)을 보면 한글 글자들이 온 우주의 망에 속하므로 위 방법은 음(소리) 뿐만 아니라 색, 방향 등등 모든 분야로 확장할 수 있으며 이에 표현하고 처리할 가능성 들이 무궁무진하다.

b_4	b_3	b_2	b_1	b_8→	0	0	0	0	0	0	0	0	1	1	1	1	1	1	1	1	
				b_7	0	0	0	0	1	1	1	1	0	0	0	0	1	1	1	1	H
				b_6	0	0	1	1	0	0	1	1	0	0	1	1	0	0	1	1	E
				b_5	0	1	0	1	0	1	0	1	0	1	0	1	0	1	0	1	X
b_4	b_3	b_2	b_1		00	01	02	03	04	05	06	07	08	09	10	11	12	13	14	15	
0	0	0	0	00								·	ㅎ	ㅁ							0
0	0	0	1	01								—	ㆆ								1
0	0	1	0	02								ㅣ	ㅇ								2
0	0	1	1	03								ㅗ	ㅋ								3
0	1	0	0	04								ㅏ	ㄱ								4
0	1	0	1	05								ㅜ	ㆁ								5
0	1	1	0	06								ㅓ	ㅌ								6
0	1	1	1	07								ㅛ	ㄷ								7
1	0	0	0	08								ㅑ	ㄴ								8
1	0	0	1	09								ㅠ	ㄹ								9
1	0	1	0	10								ㅕ	ㅊ								A
1	0	1	1	11									ㅈ								B
1	1	0	0	12									ㅅ								C
1	1	0	1	13									ㅿ								D
1	1	1	0	14									ㅍ								E
1	1	1	1	15									ㅂ								F
	H E	X			0	1	2	3	4	5	6	7	8	9	A	B	C	D	E	F	

표 22 《훈민정음》 원리를 기준으로 한 한글의 부호화 = '음양부호형'

10. 한글을 컴퓨터에 다발로 쓸려면, 그 원칙

글 쓰기를 익힌 사람은 펜을 들 때에 이미 머릿속에 한글 다발에 대한 일종의 패턴이 생긴다. 이 패턴에 따라 한글 글자를 다발에 제 위치를 준다. 예를 들면 〈책〉을 쓸 때 〈ㅊ〉은 네모난 면적 위의 왼쪽에, 〈ㅐ〉는 위의 오른쪽, 그리고 〈ㄱ〉은 그 아래에 놓는다.

《훈민정음》은 이런 패턴을 가지고 있다. 이 패턴을 컴퓨터에 깔면 된다.

40 ⸻ 첫소리와 가운데소리, 끝소리(글자)를 합하여 이루어지는 음절(다발)에 대해 말하면, 이는 움직임과 멈춤은 서로 근본이 되고 음과 양이 서로 바뀜을 뜻한다. 움직임은 하늘이요 멈춤은 땅이니 움직임과 멈춤 두 가지를 겸한 것은 사람이다. [...] 첫소리(글자)는 움직이는 역할을 하니 하늘의 일이고, 끝소리(글자)는 이 움직임을 멈추게 하니 땅의 일이다. 가운데소리(글자)는 첫소리(글자)가 생겨나는 것에 이어 끝소리(글자)가 완성되도록 하니 사람의 일이다. (해례 8a.3~8b.3)

41 ⸻ 끝소리(글자)에 첫소리(글자)를 다시 사용하는 것은 (후자가) 움직여서 양, 즉 건이 되는 것에 있고 또한 (전자가) 멈추어서 음, 즉 건이 되는 것에 있다. 건에는 실제로는 음과 양이 똑같은 비중으로 되어 있고 편재하다. 시작의 힘은 끝도 없이 돌고 돈다. (해례 8b.6~9a.1)

위 '4.3.3 (4) 소형 우주로서의 한글 다발'에서 알게 된 바와 같이 한글 다발은 소형 우주이다 (37~39 인용문 참조). 삼재와 연결하여 첫소리(글자)는 하늘, 즉 양과 같으며, 가운데소리(글자)는 사람, 즉 하늘과 땅을 이어 주는 양과 음을 동시에 가진 자와 같으며, 끝소리(글자)는 땅, 즉 음과 같다. 또한 한 다발에 최고로 9개의 글자가 들어갈 수 있는 사실과 같이 우주는 9간으로 나누어져 있으며 각 간은 음양의 상호 작동에 의한 번호(위수位數)를 가지고 있다.

음양오행을 따르는 소위 '음양 한글 오토마타'가 음양오행의 기준에 맞게 부호화된 각 글자를 이 소형 우주에 제 자리로 보낼 수 있다 (현재 쓰고 있는 한글 오토마타는 '8.1 겉으로 보이지 않는 문제' 참조).

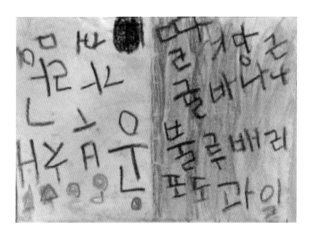

그림 27 글을 쓰기 시작한 어린이는 글자를 넣는 패턴이 아직 없다. 하지만 이 그림에 보이는 바와 같이 이미 어느 정도 어린이 수준에 맞는 패턴이 보인다.

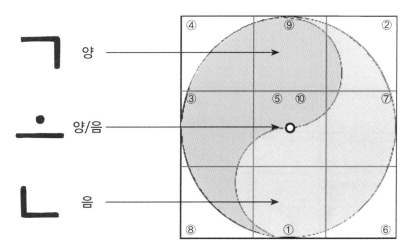

그림 28 음양 패턴에 저절로 제 자리를 찾는 한글 글자
숫자는 방위의 숫자이다 (인용문 20 참조).

11. 결론으로 : 정인지의 말은 재확인됨

이진법 제도인 음양오행과 이진법 기준에 작동하는 컴퓨터가 만나면 400억의 한글 다발을 문제 없이 쓸 수 있다. 정인지의 말이 다시 확인되었다.

42 —— 천지자연의 소리가 있으면 반드시 천지자연의 문자가 있다. […] 천지인 삼재와 음양 이기의 어울림을 두루 갖추지 않은 것이 없다. 스물여덟 자로써 전환이 무궁하여, 간단하면서도 요점을 잘 드러내고, 정밀한 뜻을 담으면서도 두루 통할 수 있다. […] 글을 쓰는 데 글자가 갖추어지지 않은 바가 없으며, 어디서든 뜻을 두루 통하지 못하는 바가 없다. 비록 바람 소리, 학의 울음소리, 닭소리, 개 짖는 소리라도 모두 적을 수 있다. […] 그 깊은 근원과 정밀한 뜻은 신묘하여 신들이 감히 밝혀 보일 수 없다. […] 정음 창제는 앞선 사람이 이룩한 것에 의한 것이 아니요, 자연의 이치에 의한 것이다. 참으로 그 지극한 이치가 아주 많으며, 사람의 힘으로 사사로이 한 것이 아니다. (서문 28a.4~29b.5) [318~319]

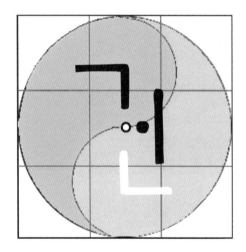 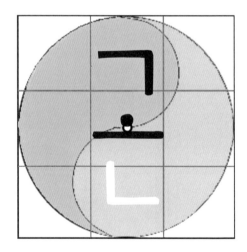

그림 29 **음양 패턴에의 '건'과 '곤'**

세종대왕, 고트프리트 빌헬름 라이프니츠와 이진법

독일의 철학자이자 수학자인 고트프리트 빌헬름 라이프니츠Gottfried Wilhelm Leibniz (1646~1716)는 전 세계에서 컴퓨터의 선구자로 알려져 있다. 그 이유는 라이프니츠가 일반적으로 0과 1로 간단히 표현되는 이진법 수학의 개발과 관련되어 있다는 사실에 기반하기 때문이다. 계산기는 이진법을 십진법보다 더 쉽게 취급할 수 있다.

라이프니츠는 1701 년 북경의 예수회 사제로부터 《역경》의 64 괘도를 받았다는 사실도 알려져 있다. 이진법으로 되어 있는 팔괘가 라이프니츠의 흥미를 일으켰다는 기록이 남아 있다. 혹시 라이프니츠가 중국에서 온 이 64괘도때문에 이진 수학 연구를 시작했는지에 대한 매우 흥미로운 의문이 생긴다. 이것이 사실이라면 서구에서 개발 된 컴퓨터가 결국 수천년이 되는 이진법인 도교의 음양 우주론으로 거슬러 올라간다는 것을 의미하게 된다.

그 외에 또 다른 질문이 생긴다. 라이프니츠의 이진법이 도교와 관련이 없다는 경우이면 두 이진법의 차이점은 무엇인가? 또한 음양 우주론의 이진법에 전적으로 기반을 둔 한글 문자의 발명을 이런 맥락에서 어떻게 평가해야 하는가 하는 문제이다.

라이프니츠는 광범위한 많은 서신을 남겼다. 여기서 위의 질문에 대한 명확한 답을 얻는다. 라이프니츠는 이미1697 년 이전에 이진 수학을 연구했으며 그리고 유럽에서 이진법의 선구자도, 또 유일한 연구자도 아니었다. 64 괘도가 1701 년에 라이프니츠가 받게 될 때까지 적어도 4 년이 지났다. 그러나 라이프니츠는 팔괘에 이진법을 분명히 인식했지만 그는 각 팔괘와 그 배열에 포함되어 있는 우주론을 사실상 이해하지 못했다. 그의 서양 세계관에서만 이해할 수 밖에 없었다. 즉 ━ (1)은 신神, ━━ (0)는 무無를 표현한다고 생각했다.

그렇기는 하지만 라이프니츠가 팔괘에 더 깊고 상징적인 의미를 인식했다는 것은 인정할만 하다. 그러나 라이프니츠가 만든 계산기처럼 다음 세대, 우리 시대의 프로그래밍할 수 있는 컴퓨터를 포함한 모든 계산기는 엄격하게 수학적으로 두 숫자 0과 1에만 기반을 두고 있다. 우주론적인 의미는 절대적으로 포함되어 있지 않다.

같은 결론은 유명한 독일-스위스 문화철학자인 장 겝제르 Jean Gebser(1905~1973)가 라이프니츠가 1716 년에 쓴《중국 철학에 관한 편지 (Lettre sur la Philosophie Chinoise)》의 신판에 실린 에필로그에서 낸다.

라이프니츠를 통해 전적으로 개시되었던 이진법의 최종적인 정량화는, 이것이 0과 1의 그 이상적 상징성과 대립적 특징에 대한 최후의 연관성을 파괴한다는, 그리고 두 수를 단지 이원二元의 대안으로 몰아간다는, 그 점에서 위험성을 나타내면서 1947년 사이버네틱스를 통해 완성되었다. [Gebser 1968: 156–157]

겝제르는 팔괘를 짓던 중국 상고 시대의 첫 황제인 복희씨 (기원전 2800 년경)부터 라이프니츠를 거쳐서, 사이버네틱스의 창시자인 노버트 위너 Norbert Wiener (1894~1964)까지 하나의 선을 그었다. 이 선은 한 쪽에 양극兩極적인 우주론과 다른 쪽에 이진법의 컴퓨터 응용을 서로 연결하지만 이 응용은 우주론과는 아무런 관계가 없다.

겝제르의 진술은 이해할 수 있지만 보완해야할 필요가 있다. 라이프니츠는 사실상 잘 이해하지 못한 64괘도와 음양오행 우주론을 떠나서 이진법 수학을 개발했기 때문에 오히려 두 서로 관계가 없는 이진법 제도를 구별하는 것은 맞다. 하나는 동양적인 제도, 하나는 서양적인 제도이다.

서양 이진법 제도는 컴퓨터가 작동할 수 있기 위해 수학적인 방법, 즉 알고리듬을 마련하지만 그 위에 아무런 철학적인 구조가 없는 반면에 훨씬 전통이 깊은 동양적인 이진법 제도는 이런 철학적인 구조를 마련하지만 라이프니츠가 개발한 수학적인 계산 방법을 꼭 필요로 한다. 두 제도가 단독으로 있으면 한계에 다다르지만 합치면 서로 적극적으로 보충하면서 예를 들면 소위 인공지능과 기타 수 많은 사이버네틱스의 분야들에 새로운 해결 방안을 기대하게 한다.

세종대왕은 (1396~1450) 오백 여년 전, 아무도 컴퓨터를 모를 때에 음양오행 우주론의 이진법에 완전히 적합한 문자를 창제한 것이다. 이 한글이라는 문자는 현대 컴퓨터와 완벽한 호환성이 있어 원래부터 디지털화 되어 있는 문자로서 문제 없이 현재 컴퓨터에 아직까지 없는 철학 우주론적인 차원을 포함시키는 것이다.

세종대왕의 이 업적은 역사상 사례가 없는 일이며 미래를 향한, 인류에 매우 귀중한 선물이다.

4E00　　　　　**CJK Unified Ideographs**　　　　　**4EDF**

	4E0	4E1	4E2	4E3	4E4	4E5	4E6	4E7	4E8	4E9	4EA	4EB	4EC	4ED
0	一	丐	北	丰	乀	乐	习	买	亀	亐	亠	京	什	仐
1	丁	丑	两	丱	乁	乑	乡	乱	乾	云	亡	亱	仁	仑
2	丂	刃	丢	串	乂	乒	乢	乲	亂	互	亢	亲	仂	令
3	七	专	丣	弗	乃	乓	幺	乳	亃	亓	亣	亳	仃	仓
4	丄	且	两	临	乄	乔	乤	乴	亄	五	交	亴	仄	仔
5	丅	丕	严	丵	久	乕	乥	乵	亅	井	亥	亵	仅	仕
6	丆	世	並	丶	乆	乖	书	乶	了	亖	亦	亶	仆	他
7	万	丗	丧	丷	乇	乗	乧	乷	亇	亗	产	亷	仇	仗
8	丈	丘	丨	丸	么	乘	乨	乸	予	亘	亨	亸	仈	付
9	三	丙	丩	丹	义	乙	乩	乹	争	亙	亩	亹	仉	仙
A	上	业	个	为	乊	乚	乪	事	亊	亚	亪	人	今	仚
B	下	丛	丫	主	之	乛	乫	乻	事	些	享	亻	介	仛
C	丌	东	丬	丼	乌	乜	乬	乼	二	亜	京	亼	仌	仜
D	不	丝	中	丽	乍	九	乭	乽	亍	亝	亭	亽	仍	仝
E	与	丞	丮	举	乎	乞	乮	乾	于	亞	亮	亾	从	仞
F	丏	丟	丯	丿	乏	也	乯	乿	亏	亟	亯	亿	仏	仟

631

표 23 유니코드 한자 코드표 95페이지 중의 첫 페이지

AC00   **Hangul Syllables**   **ACFF**

	AC0	AC1	AC2	AC3	AC4	AC5	AC6	AC7	AC8	AC9	ACA	ACB	ACC	ACD	ACE	ACF
0	가	감	갠	갰	걀	걐	걠	거	검	겐	겠	결	겨	겠	고	곰
1	각	갑	갡	갱	걁	걑	걡	걱	겁	겑	겡	겱	겱	겱	곡	곱
2	갂	값	갢	갲	걂	걒	걢	걲	겂	겒	겢	겲	겲	겲	곢	곲
3	갃	갓	갣	갳	걃	걓	걣	걳	것	겓	겣	겳	겳	겳	곣	곳
4	간	갔	갤	갴	걄	개	걤	건	겄	겔	겤	계	겤	겴	곤	곴
5	갅	강	갥	갵	걅	걕	걥	걵	겅	겕	겥	겵	겥	겵	곥	공
6	갆	갖	갦	갶	걆	걖	걦	걶	겆	겖	겦	겶	겦	겶	곦	곶
7	갇	갗	갧	갷	걇	걗	걧	걷	겇	겗	겧	겷	겧	겷	곧	곷
8	갈	갘	갨	갸	걈	걘	걨	걸	겈	겘	겨	겸	겐	겠	골	곸
9	갉	같	갩	걉	걉	걙	걩	걹	겉	겙	격	겹	겹	겡	곩	곹
A	갊	갚	갪	갺	걊	걚	걪	걺	겊	겚	겪	겺	겪	겺	곪	곺
B	갋	갛	갫	갻	걋	걛	걫	걻	겋	겛	겫	겻	겫	겻	곫	곻
C	값	개	갬	갼	걌	걜	걬	게	겜	견	겼	곀	곀	겼	곬	과
D	갍	객	갭	갽	걍	걝	걭	걽	겍	겝	겭	곁	곁	겝	곭	곽
E	갎	갞	갮	갾	걎	걞	걮	걾	겎	겞	겮	곂	곂	겞	곮	곾
F	갏	갟	갯	갿	걏	걟	걯	걿	겏	겟	겯	곃	곃	겟	곯	곿

표 24 유니코드 한글 Jamo (= '가假음절 다발') 코드표 44페이지 중의 첫 페이지

1 문자 script 유형 : 단어문자 및 표음(소리)문자 • 28

2 단어문자와 음절문자의 운용 방식 • 29

3 자모문자 alphabetic script 의 원리 : 음(소리)과 문자 character 를 쌍으로 결합함 • 29

4 음양오행 속의 한글 글자 • 37

5 음양오행에 의한 17 자음자의 순서 • 39

6 10 모음자의 순서 • 41

7 한글 28 글자의 순서 • 42

8 한국어 기본 음절 구조 • 43

9 한글 다발의 이차원적인 구조 • 44

10 한 한글 다발에 최고로 쓸 수 있는 글자 • 46

11 《훈민정음》에 의한 한글 다발의 총수 • 46

12 9 간으로 나누어진 한글 다발 • 48

13 한국의 한글 기본 글자 개수와 순서 • 55

14 실제 한글 자모 (?) 질서 (남한) • 55

15 한글맞춤법이 허락하는 음절 다발의 개수 • 55

16 67 개 'Jamo'에 대한 코드표 • 57

17 자모문자의 원리를 해치는 현상 : 음(소리)과 문자 character 의 쌍에 대한 질서를 혼돈시킴 • 57

18 글자의 배정 기준 • 62

19 음양자판® Ⅰ (객관의 입장 : 오른손 중심) • 63

20 음양자판® Ⅱ (객관의 입장 : 오른손 중심) • 63

21 컴퓨터 내부 혼돈 상태 • 67

22 《훈민정음》 원리를 기준으로 한 한글의 부호화 = '음양부호형' • 69

23 유니코드 한자 코드표 95페이지 중의 첫 페이지 • 76

24 유니코드 한글 Jamo(= '가假음절 다발') 코드표 44페이지 중의 첫 페이지 • 77

부록 4 그림 일람

1　1883년에 반포된 태극기 • 22

2　1446년 《훈민정음》의 〈예의〉 • 23

3　성리학(도교)과 《훈민정음》 • 23

4　한글과 정보기술에 대한 연구 현황 • 25

5　《훈민정음》을 중심으로 한 새로운 연구 단초 • 25

6　《태극도》의 음양오행 우주론 • 27

7　표음문자의 메타 모델 • 31

8　《훈민정음》과 메타 모델 • 32

9　《태극도》의 음양오행과 한글 공리 • 33

10　한글 자음자와 모음자가 자음과 모음을 발음할 때의 입 모양을 반영한다 • 35

11　《훈민정음》의 〈예의〉 • 39

12　〈태극하도〉 • 41

13　《훈민정음》에 맞춘 하도 • 41

14　음양의 순환을 반복하는 한글 다발 • 48

15　메타 차원과 멀어진 한글의 현황 • 49

16　한글 글자를 제한 없이 조합할 수 있다는 《훈민정음》의 예문 • 51

17　아날로그 방식과 디지털 방식 • 53

18　타자기 자판 • 53

19　두벌식 자판 : 26 키에 33 글자 (남한) • 59

20　세벌식 자판 : 39 키에 58 글자 (남한) • 59

21　음양오행(대자연)이 주는 한글 글자의 질서와 손가락과의 관계 • 60

22　《태극도》의 음양에서 유래된 자판 기본형 • 61

23　손과 자판의 음양 관계 (객관의 입장) • 61

24　음양자판®Ⅲ(오른손 중심) • 63

25　로마자와 한글 글자 입력 과정의 차이점 • 65

26　한글의 내부 처리 과정 • 65

27　글을 쓰기 시작한 어린이는 글자를 넣는 패턴이 아직 없다 • 71

28 음양 패턴에 저절로 제 자리를 찾는 한글 글자 • 71

29 음양 패턴에의 '건'과 '곤' • 72